예수 닮기의
영성

크리스천으로 산다는 것

예수 닮기의 영성

○ 지인성 지음

— 머리말 —

예수님을 닮기 원하는 모든 성도들이
영성 회복의 삶을 살아가는 이유

 우리 모두는 사는 동안 '행복의 시간'을 갖기 원한다. UN이 발표한 우리나라의 행복지수는 세계 178개국 가운데 102위라는 조사 결과가 나왔고, 또 OECD가 발표한 '한국의 행복지수'는 36개 국가 중 27위를 차지한 것으로 나타나 있다. 수치상으로 보면, 우리가 원하는 이상과 현실의 삶 사이에 너무나 큰 차이가 있음을 알 수 있다. 그럼에도 불구하고, 행복은 우리 모두가 추구하는 최고의 목적이고 궁극적 목표이다.

 흔히 네잎클로버를 '행운'이라 하고, 세잎클로버는 '행복'이라고 한다. 많은 사람들이 흔치 않는 행운의 네잎클로버를 찾느라고, 행복의 세잎클로버를 무시하곤 한다. 행복한 삶을 망각한 결과이다. 우리는 이미 하나님께로부터 받은 수많은 행복의 요소들이 있지만, 실체도 없는 행운을 찾아 엉뚱한 시간을 허비하며 사는 경우가 참 많다.

 성경을 읽어보면, 행복의 사람들 이야기가 여기저기 나온다. 모두가 예수 그리스도를 따르며, 그분을 닮으려고 애쓴 사람들이다. 중풍병자를 예수님께로 데리고 나와 병 고침을 받게 해준 친구들, 앉은뱅이, 눈먼 자, 문둥병자, 향유 병을 깨트린 마리아 등. 그들 모두는 예수님과 함께 '행복을 주는 사람'들이었고, 또 '행복을 찾은 사람들'이었다. 우리가 성경을 통해 배우고, 또 성숙한 신앙인이 되고자 하는 목적은 한마디로 예수 그리스도를 닮기 위한, 즉 '예닮인'이 되기 위한 것이다.

내가 섬기는 서울 동소문동에 위치한 예닮교회는 성도들이 '예닮인'이 되고자 모인 공동체이다. 본래 지금의 교회 터는 일제강점기에 '돈암장'이었고, 그 이전 조선시대에는 '설죽소設粥所'였다. 성문 밖에 있는 걸인과 병든 자들에게 죽을 쑤어 나누어주는 곳, 육적인 배고픔을 달래주는 곳이었다. 그런데 이제는 그 터 위에 영혼을 돌보는 교회가 세워졌다. 여기에는 분명히 하나님의 놀라운 신학적, 신앙적, 역사적 의미가 담겨 있다. 동시에 하나님의 거룩한 뜻을 신앙으로 고백하고 응답한, 한 신앙인에 의해 오늘날의 아름다운 교회가 이 자리에 우뚝 서게 되었다(故 정해수 장로가 자기 집터를 헌물했다). 이러한 신앙 전통과 함께 예수님을 닮기 원하는 예닮교회의 모든 성도들이 영성 회복의 삶을 살아가는 이유가 바로 여기에 있다.

나는 이런 훌륭한 성도들이 섬기는 교회의 담임목사로, 2008년 7월 첫째 주일에 부임하여, 2017년 6월부터 6개월간 안식년이라는 '행복의 시간'을 가졌다. 목회자로서 나름대로 정말 행복이 충만한 시간이었다. 지난 목회에 대한 회고와 새로운 미래를 준비하고 기도하며 영적 회복과 충전을 깊이 경험했다. 이스라엘, 요르단의 성지순례를 시작으로, 미국 샌프란시스코 신학대학원SFTS, GTU에서의 특강, 연구 및 집필 활동, 미래의 중국 선교를 위해 성소신학대학원[STS]에서 중국 목사들을 가르치는 일, 타 교회에서의 다양한 예배 경험과 목회 연구 등, 6개월의 시간이 너무 빨리 지나갔다. 하지만 나의 내면의 세계는 정말 행복과 평안으로 가득했다.

나는 이 지면을 통해서 안식의 행복한 시간을 제공해준 예닮교회의 당회원들과 성도들께 진심으로 감사의 마음을 전한다. 내려놓음으로써 누리게 되는 행복의 순간들을 경험케 했기 때문이다. 나는 미국에 머무는 동안 많은 글들을 정리하고 집필하는 일에 시간을 보냈다. 그 중에 이 책을 출판하면서 제목을 고민하다가, 예닮교회 성도들에 대한 고마운 마음을 담아 새기기 위해,《예수 닮기의 영성: 크리스천으로 산다는 것》으로 정했다. 안식년을 마무리하면서, 하나의 결실을 맺게 된 듯해 참으로 기쁜 마음이 넘친다. 끝으로, 이 책을 예쁘게 편집하고 디자인하며 정성을 가득 담아주신 바이북스 출판사의 발행인 윤옥초님과 담당자 여러분들께 깊은 감사를 드린다.

2017년 가을 초
안식년을 마무리하며

나는 포도나무요 너희는 가지라
그가 내 안에, 내가 그 안에 거하면
사람이 열매를 많이 맺나니
나를 떠나서는 너희가 아무 것도 할 수 없음이라
(요한복음 15:5)

차례

머리말 • 4

01 거룩의 영성

01 거룩의 삶 • 12
02 경건의 삶 • 19
03 배움의 삶 • 25
04 믿음의 삶 • 31
05 경외의 삶 • 38
06 침묵의 삶 • 44
07 기도의 삶 • 51
08 예배의 삶 • 57
09 은혜의 삶 • 64
10 성령의 삶 • 70

02 사랑의 영성

01 첫 사랑의 삶 • 78
02 거룩한 터치의 삶 • 84
03 경청의 삶 • 90
04 공경의 삶 • 96
05 십자가의 삶 • 102
06 긍휼의 삶 • 110
07 섬김의 삶 • 116
08 영적 멘토의 삶 • 123
09 흔적의 삶 • 131
10 사랑하는 삶 • 137

03 기쁨의 영성

01 만남의 삶 · 144
02 깨어짐의 삶 · 150
03 지혜의 삶 · 155
04 안식의 삶 · 162
05 평강의 삶 · 169
06 기쁨의 삶 · 175
07 염려 없는 삶 · 182
08 시험을 이기는 삶 · 188
09 치유의 삶 · 194
10 감사의 삶 · 200

04 희망의 영성

01 불신앙을 넘어선 삶 · 208
02 부활 신앙의 삶 · 215
03 앙망하는 삶 · 221
04 악을 이기는 삶 · 228
05 회복의 삶 · 236
06 화해의 삶 · 242
07 하나 되는 삶 · 248
08 손 내미는 삶 · 255
09 칭찬의 삶 · 261
10 희망의 삶 · 268

01 거룩의 영성

#1
거룩의 삶

예수님을 닮기 위해 그의 삶을 살펴보면, 그 중심에는 언제나 "거룩함holiness"이 있다. 즉 경건의 삶, 성결의 삶, 순종의 삶과 같은 것들이다. 국어사전에는 '거룩'이라는 말을 '성스럽고 위대함'이라고 설명한다. 그래서 이 '거룩'이라는 말은 주로 종교와 신앙의 세계와 연관시킨다. 이 시대를 살아가는 우리들에게는 어찌 보면 매우 낯설고 부담스러운 개념이다. 왜냐하면 지금 우리가 살고 있는 이 시대가 너무 세속화되어 있어 그 개념이 나의 삶에 익숙하지 않기 때문이다. 그래서 사람들은 '거룩'에 대해서 잘 알지도 못할 뿐 아니라, 알려고도 하지 않는다. 다만 본능적으로 거룩함이란 좀 불편하고 거추장스러운 속박처럼 생각하고 거부한다.

그런데 성경은 이 '거룩'을 하나님과 연관시켜 그의 뜻이라고 말한다.

하나님의 뜻은 이것이니 너희의 거룩함이라(데살로니가전서 4:3)

나는 여호와 너희의 하나님이라 내가 거룩하니 너희도 몸을 구별하여 거룩하게 하라(레위기 11:44)

오늘날 우리들은 하나님의 뜻보다 사람의 뜻을 더 우선시하며, 하나님이 원하시고 뜻하시는 거룩한 삶과는 아주 거리가 멀다. 세상의 삶과 적당히 타협하며 어쩌면 그것이 좀 더 융통성 있는 삶의 방식이라고 주장하곤 한다. 그럼에도 불구하고, 성경은 '거룩함'을 하나님의 백성으로 사는 자와 그렇지 아니한 자들을 구분 짓는 기준으로 삼는다.

거룩함을 따르지 않는 사람은 아무도 주를 볼 수 없다(히브리서 12:14)

결국 이 거룩함은 우리의 신앙과 삶의 근원으로 여겨진다.

구약성경 출애굽기에서는 모세가 미디안에서 양 떼를 이끌고 호렙산에 이르렀을 때, 거기서 떨기나무에 불이 붙은 것을 본 사건을 전한다. 건조한 광야에서 이따금 불이 나는 것은 자연 발생적인 현상으로 그리 놀랄 일은 아니다. 그런데 모세가 거기에 서서 자세히 살펴보니, 불이 활활 타오르나 시간이 지나도 나무가 사그라지지 않는 것이었다. 모세가 혼잣말로 "내가 돌이켜 가서 이 큰 광경을 보리라 떨기나무가 어찌하여 타지 아니하는고?" 하고는 그 나무 가까이 다가갔다. 그때 하나님께서 떨기나무 가운데서 "모세야, 모세야!"라고 부르셨다. 모세가 "내가 여기 있나이다" 하니, 모세에게 이렇게 말씀하셨다.

이리로 가까이 하지 말라. 너의 선 곳은 거룩한 땅이니, 네 발에서 신을 벗으라. 나는 네 조상의 하나님이니 아브라함의 하나님, 이삭의 하나님, 야곱의 하나님이니라(출애굽기 3:5-6)

여기서 모세가 선 호렙산 땅은 본래부터 거룩한 땅이 아니었다. 예전에도 항상 보고 지나치던 그 땅이었지만, 지금 그 자리에 하나님께서 임재하셨기에 거룩한 땅이 된 것이다. 그때 모세는 하나님 뵙기를 두려워해 얼굴을 가렸다고 했다. 지금 우리가 서 있는 삶의 자리가 거룩한 땅이기를 원하는가? 아니, 우리가 살아가는 삶의 터전이 하나님께서 임재하시는 장소로, 하나님을 만나고 바라보면서 살아가는 삶의 자리이기를 바라는가? 나의 거룩한 삶은 내가 하나님을 모시고 그 분을 경외하며 가까이 다가서는 삶이다.

우리가 누구와 자주 또 항상 같이 있으면서 바라보고 만난다는 것은 그를 잘 안다는 의미다. 그렇듯이, 우리가 하나님과 항상 함께하면서 그의 임재를 느끼며 사는 것을 거룩한 삶이라고 한다. 그 거룩함은 하나님에 "대하여" 말하는 것이 아니라, 그분 안에 들어가, "내가 그 안에 그가 내 안에 거하는" 하나됨, 즉 신비적 연합을 경험한다는 것이다. 바울의 표현을 빌리면, 다음과 같이 사는것을 뜻한다.

하나님의 형상으로 변화하여 영광에서 영광에 이르는 삶(고린도후서

3:18)

이런 의미에서, 참된 거룩함이란, 헬라어 사전에 나온 '하기오스'의 뜻처럼, "하나님을 위해 구별된, 말하자면 하나님의 것이 되는 것"이라고 정의할 수 있다. 우리가 예수님을 만나고 그와의 관계를 맺고 살기 전에는, 우리 자신이 이 세상에 속했고 또 세상이 우리를 사랑했다. 우리 육신을 만족시키고 우리 눈을 자극해 그것에 이끌리면서 살아왔다. 그러나 예수님을 만나고 그분과 함께 살아가면서 그분을 위해, 그분의 것이 되는 것은 지극히 정상적인 삶이요 그분을 기쁘시게 해드리는 삶이다. 그것이 다음과 같이 사는 것이다.

거룩하고 흠 없는 삶(에베소서 5:27)

마가복음 1장에서는 귀신도 예수님이 '하나님의 거룩한 자'임을 알고 두려워하며 순종했다. 또한 예수님은 "오직 너희를 부르신 거룩한 이처럼 너희도 모든 행실에 거룩한 자가 되라(베드로전서 1:15)"고 권면했다. 여기서 말하는 '거룩한 자'는 하나님 안에 거한다는 뜻이고, 하나님과 같은 생각을 가지고 산다는 의미다. 즉, 하나님 말씀에 순종하며 사는 자를 말한다. 하나님이 사랑하는 것을 사랑하며, 하나님의 뜻에 전적으로 동의하는 삶을 살겠다는 것이다. 여기서 자연스럽게 구별된 삶이 드러난다. 첫째는 세상으로부터의 from 구별이요, 둘째는 하나님에게로 to 구별이다.

"세상으로부터의 from 구별"은, 한마디로, 세상의 속된 것에 물들지 않음을 뜻한다. 베드로는 '세상으로부터 구별된 삶'에 대해 이렇게 설명한다. "너희가 순종하는 자식처럼 전에 알지 못할 때에 좇던 너희 사욕을 본받지 말고(베드로전서 1:14)." 하나님의 자녀로서 우리는 세상의 욕망과 죄악으로부터 구별된 삶을 살아야 하며, 세상에 속한 유행이나 이 세대를 따르지 말아야 한다. 또한 "하나님에게로 to 구별"은 하나님의 자녀로서, 언제나 아버지를 닮은 모습이 있어야 한다는 의미다. 즉, 아버지의 성품을 닮는 것이다. 예수께서 최후의 만찬 석상에서 제자들의 발을 씻어주신 후 이렇게 말씀하셨다.

새 계명을 너희에게 주노니 서로 사랑하라 내가 너희를 사랑한 것같이 너희도 서로 사랑하라. 너희가 서로 사랑하면 이로써 모든 사람이 내 제자인 줄 알리라(요한복음 13:34~35)

하나님의 성품은 바로 이 같은 '사랑'이다. 프란시스 쉐퍼는 그것을 '그리스도인의 배지'라고 표현했다. 배지는 그 사람의 자격과 인격을 뜻한다.

시편에 보면, 이렇게 나온다.

여호와의 산에 오를 자가 누구며 그의 거룩한 곳에 설 자가 누구인가 곧 손이 깨끗하며 마음이 청결하며 뜻을 허탄한 데에 두지 아니하며

거짓 맹세하지 아니하는 자로다(시편 24:3-4)

누가 하나님의 거룩한 산에 오르는가? 손이 깨끗한 자, 마음이 청결한 자, 하나님께 뜻을 두고, 거짓 맹세하지 않는 자라고 했다. 오직 진실한 자만이 거룩하신 보좌로 나갈 수 있다. 오직 예수 그리스도의 보혈로 정결함을 받은 자만이 은혜의 보좌로 담대하게 나갈 수 있다. 정원에 피어난 잡초는 굳이 돌볼 필요가 없다. 보일 때마다 그냥 뽑아주기만 하면 된다. 그러나 아름다운 꽃은 물을 주어야 하고, 비료를 주어야 하고, 물론 잡초도 제거하면서 돌보아야 한다. 그렇듯이, 그리스도인의 거룩한 삶에도 노력과 돌봄이 반드시 필요하다. 거룩을 방해하는 많은 잡초들은 그때마다 제거해야 한다. 왜냐하면 거룩의 꽃이 더 잘, 더 온전하게 피어나게 해야 하기 때문이다. 바울은 이렇게 말한다.

우리는 하나님을 두려워하는 가운데서 거룩함을 온전히 이루어 육과 영의 온갖 더러운 것에서 자신을 깨끗하게 하자(고린도후서 7:1)

우리는 매일매일의 삶 속에서 우리 자신이 성령 안에서 새로운 삶을 살고 있는지를 되돌아보고, 우리 자신의 구별된 삶을 점검해보아야 한다. 그리고 예수님을 닮기 위해 언제나 이렇게 기도해야 한다. "주여, 내 육과 영의 어떠한 잡초도 나쁜 습관으로 나타나기 전에 제거할 수 있도록 도우소서. 우리에게서 하나님의 사랑의 성품이 보여지도록 거룩함이 나타나게 하옵소서." 그리고 입술을 열어 이렇게 찬송하자, 286장(통합 218장) 3절.

주 예수 내 맘에 오사 날 정결케 하시고
그 은혜를 내 맘에 채워 늘 충만케 하소서.
사랑의 주, 사랑의 주 내 맘속에 찾아오사
내 모든 죄 사하시고 내 상한 맘 고치소서.

예수닮기_적용하기

1. 거룩한 삶을 위해 내가 벗어야 할 신이 있다면 무엇인가?
2. 내 마음을 거룩하게 하기 위해 필요한 것은 무엇인가?

#2

경건의 삶

북한의 핵 개발과 실험으로, 이제 우리는 핵 공포 속에 살아가는 처지가 되었다. 한순간도 안전을 보장받지 못한 삶을 살게 되었다는 뜻이다. 예를 들어 이번에 개발된 핵이, 가상으로, 용산에 떨어지면 60만 명 이상이 그 자리에서 죽게 되고, 반경 150킬로미터 지점에 있는 사람들도 3도 이상의 화상을 입게 될 정도로 그 파괴력은 대단하다고 한다. 그런데도 아이러니컬하게도, 우리 대부분은 아직도 '안보 불감증'에 걸려 있다. 핵 문제가 얼마나 우리 삶에 심각한 문제이며, 문제 해결을 위해 어떠한 접근 방법을 가져야 하는지에 대한 통일된 인식과 행동이 부족하다. 정신적 재무장훈련이 필요한 때이다.

교회력에 보면, 사순절Lent이 있다. 부활주일 전까지 주일을 뺀 40일의 기간을 말한다. 사순절 기간은 그리스도의 수난과 죽음의 의미를 되새기고, 또한 부활을 맞이할 준비와 그리스도의 삶을 증거하는 경건에 이르는 훈련이 필요한 시기다. 이 기간을 경건으로 이끌어 가기 위해서는, 죄의 고백과 회개를 통한 자기 반성이 선행되어야 한다. 철저한 자기 반성과 회개 없이는 참 고난과 부활의 경험에 참여할 수 없기 때문이다. 따라서 사순절 기간 중에는 화려한 축제 생활보다는 자기 절제와 금식을 통한 주님의 제자로서의 삶을 재정비하는 영적 훈련이 있어야 한다.

바울의 표현을 빌리면, "경건에 이르도록 네 자신을 연단하라(디모데전서 4:7)"는 것이다. 개역 성경에서는 '연단하라'를 '연습하라'로 번역하고 있다. 여기서 '연습하다'는 '짐나제'라는 헬라어인데, '벌거벗고 땀을 흘리다'는 '짐나조'의 현재 명령형이다. 오늘날 영어의 '짐나지움체육관'도 이 단어에서 유래되었다. 교회사가인 요세푸스에 의하면, 바울 당시에는 달리기와 격투 등의 경기에서 선수들이 옷을 벗고 참여했기 때문에, 그렇게 연습하는 선수들의 훈련의 중요성을 강조하기 위해 "연단하라"고 말한 것이다.

여기서 '경건유세베이안'이란 두 가지 사전적 의미를 갖는다. "거룩함과 경외"이다. 거룩은 "구별되었다"는 뜻이고, 경외는 "존경하며 두려워한다"는 뜻이다. 신학자 존 스코트는 "자기 중심에서 하나님 중심으로 변화하는 코페르니쿠스적인 대전환을 경험한 이들의 영적 특징을 지칭하는 말"이라고 설명했다. 이는 "내가 여호와를 항상 내 앞에 모심이여 그가 내 우편에 계시므로 내가 요동치 아니하리로다(시편 16:8)"라는 고백이기도 하다.

최초의 인간 아담은 하나님과 같이 거룩한 모습을 가지고 있었다. 그러나 사탄의 유혹으로 말미암아 범죄하고 말았다. 범죄한 인간은 거룩하신 하나님으로부터 분리되었고, 그 결과로 영적, 육체적 죽음을 얻게 되었다. 거룩하신 하나님은 죄에 빠진 인간들을 구원하시기 위해, 친히 사람의 모습으로 이 세상에 오셨다. 그분이 바로 예수 그리스도다. 그리고 누구든지 그를 구세주로 믿으면 구원을 받는다. 이때부터 경건을 회복할 수 있는 하나님의 거룩하심을 닮게 되었다.

> 하나님을 따라 의와 진리의 거룩함으로 지으심을 받은 새 사람을 입게 되었다(에베소서 4:24)

경건이란 하나님의 거룩하심을 닮아가는 것이고, 그분을 존경하며 두려워하는 것이다.

운동선수는 반복 또 반복의 훈련을 통해서 좋은 선수가 된다. 그런 것처럼, 경건도 끊임없는 반복의 훈련으로 경건의 열매를 맺게 된다. 경건은 쉽게 또는 저절로 얻어지는 것이 결코 아니다. 훈련의 과정을 반드시 거쳐야 한다. 경건한 생활을 하기 위해서 감리교의 창시자 요한 웨슬리는 자신에게 늘 일곱 가지 질문을 던졌다. 이것은 경건 생활의 바로미터가 되는 물음들이다.

첫째, 너는 항상 기도하는가?
둘째, 너는 순간마다 하나님 앞에서 즐거워하는가?

셋째, 너는 모든 경우에 감사하는가?

넷째, 너는 욕심 내는 것이 없는가?

다섯째, 너는 두려워하는 일이 없는가?

여섯째, 너는 네 중심에서 지속적인 하나님의 사랑을 느끼는가?

일곱째, 너는 무슨 말이나 일을 할 때, 그것이 하나님을 기쁘시게 하는 것이라고 자신 있게 말할 수 있는가?

중국 선교의 선구자인 허드슨 테일러Hudson Taylor는 스물다섯 살의 젊은 나이에 중국 땅을 밟아 평생 동안 중국 선교에 헌신한 사람이다. 그는 사람들로부터 "당신은 어떻게 일생을 선교사로 보낼 수 있었습니까? 그러면서도 행복할 수 있었던 비결은 무엇입니까?"라는 질문을 받을 때마다, 다음과 같이 말했다.

나의 헌신과 행복의 비결은 하루를 어떻게 시작하느냐에 달려 있습니다. 연주자는 음악회가 시작되기 전에, 악기를 조율합니다. 음악회가 끝난 뒤 조율한다면 어리석은 일이겠죠? 나는 아침에 일어나면 하나님의 뜻에 나의 생각을 맞추는 일부터 시작합니다. 그러면 인생이 보람되고 행복해지게 마련입니다.

허드슨 테일러의 말처럼, 경건의 시간이란 바이올린이 피아노 소리를 듣고 음을 조율하듯, 우리 영혼이 하나님의 음성을 듣고 조율하는 것이다. 세속주의가 성행하고 그래서 신앙생활에도 세속의 잘못된 영향을 주는 이때에, 새로이 경건에 이르기를 힘써 경건의 열매를 풍성하게 거두는 성도가 되어야 한다. 즉, 예수님을 닮는 사람이다.

경건에 이르는 훈련의 방법에는 여러 가지가 있겠지만, 여기서는 '금식fast'을 소개하려 한다. 금식은, 특히 사순절 절기 중의 중요한 관습 중 하나로, 자기 성찰을 위한 것이다. 시기와 장소에 따라 금식의 기간과 그 엄격성의 정도는 차이가 나겠지만, 예수 그리스도의 고난과 구속 사역을 생각하고, 하나님의 백성됨을 나타내는 실천적 한 방법으로, 초대 교회 때부터 행해왔다.

금식 훈련 때에 주의할 점은, 첫째, 위선자처럼 하지 말아야 한다. "금식할 때 외식하는 자들과 같이 슬픈 기색을 보이지 말라(마태복음 6:16)"는 것이다. '외식하는 자들'이란 겉과 속이 다른 위선자들을 말한다. 겉으로는 금식을 하는데 그 속에는 미움과 질투, 갈등, 분노가 가득 차 있다면, 속과 겉이 다른 사람이다. 금식을 왜 하는가? 속과 겉을 하나로 만들기 위해서다.

둘째, 사람의 동정과 칭찬을 받기 위해서 금식을 해서는 안 된다. "이는 금식하는 자로 사람에게 보이지 않고 오직 은밀한 중에 계신 네 아버지께 보이게 하려 함이라(마태복음 6:18)". 사람에게 보이려 하지 말고, 머리에 기름을 바르고 얼굴을 씻고 중심을 보시는 하나님 앞에서 하라는 것이다.

셋째, 의미 없는 습관적인 종교 행위로 금식하지 말라는 것이다. 성경에 보면, 바리새인들이 예수님께 나와서 "우리는 이레 동안에 이틀은 반드시 금식을 하고, 뿐만 아니라 십일조를 철저히 하는 사람들이다(누가복음 18:12)".라고 자랑했다. 그들에게는 신앙생활이 자랑거리요, 교만의 주제였다. 신앙생활은 자기 우월감을 드러내기 위해 사람들에게 자랑하려는 것이 결코 아니다. 금식도 마찬가지다.

예수님을 닮아가려 하는 우리는 금식하고 기도하며 자신을 살피며, 회개와 참회, 절제와 구제 등을 통해 하나님의 축복의 시간을 만들어가야 한다. 그런 가운데 주님께서 가르쳐주신 방법에 따라, 우리 신앙에 방해가 되지 않고 꼭 유익이 되도록, 금식기도 훈련도 실천해보아야 한다. "망령되고 허탄한 신화를 버리고 경건에 이르도록 연습하라. 경건은 범사에 유익하다(디모데전서 4:7)"라는 말씀을 마음 깊이 새겨야 한다. 경건의 삶은 예수를 닮는 모든 사람들의 필수적인 삶의 모습이다.

예수닮기_적용하기

1. 경건한 삶을 살기 위해 날마다 연단해야 할 부분은 무엇인가?
2. 하나님의 음성에 나의 음을 조율하며 들었던 순간이 있다면?

#3 배움의 삶

사람은 살아감에 있어서 '배움'이 중요하다. 왜냐하면 배운 만큼 살아가는 것이고, 또 배운 대로 살기 때문이다. 하지만 우리가 실제로 살다 보면, 얼마나 많이 배웠느냐 하는 것이 그리 중요하지 않다. 그것보다 더 중요한 것은 무엇을 어떻게 배웠느냐가 삶에 더 영향을 미친다. 잘못된 것을 배웠으면 아무리 많이 배웠다고 할지라도, 그것은 배우지 않은 것만 못하다. 그러기에 바른 것을 배워야 하고, 배운 것을 또 바르게 사용할 줄 알아야 한다. 무엇을 배운다는 것은 가르쳐주는 스승, 선생이 있다는 것을 전제한다. 좋은 가르침을 받고 좋은 스승을 만나는 것은 인생의 커다란 행복이요 보람이다.

유명한 맹인 팝가수인 스티비 원더 Stevie Wonder는 단점보다 더 좋은 장점이 자신에게 있음을 가르쳐준 훌륭한 선생님을 만났다. 만약에 그가 그러한 선생님을 만나지 못했더라면, 오늘날 그 같은 유명한 가

수는 탄생되지 않았을 것이다. 그는 또한 남다른 재능을 바르게 사용할 줄 알았기에, 많은 사람들에게 사랑받는 훌륭한 팝 가수가 되었다.

우리 그리스도인들에게 가장 훌륭한 선생님은 누구인가? 예수 그리스도이다. 그분은 우리에게 언제나 바른 길로 인도하시고, 진리를 가르치시며, 인생의 영원한 생명을 주신다. 그러기에 삶을 배우는 사람은 예수님과 같은 위대한 스승을 만나야 한다. 우리 그리스도인들은 우리 삶에 정말 좋은 스승이신 예수님을 만난 사람들이다. 좋은 스승으로서 그는 우리를 참된 제자로 가르치시고 인도하시기 위해, "내게 와서 배우라"고 말씀하셨다. 참된 제자의 길은 지금까지 내가 가지고 있던 어떤 '노하우'나 지식을 주님 앞에 내려 놓고, 주님을 배움으로써 시작된다.

신약성경 누가복음에는 제자들이 게네사렛 호숫가에서 그물을 씻고 있을 때, 예수님이 그들에게 다가가 "깊은 데로 가서 그물을 내려 고기를 잡으라(누가복음 5:4)"고 말씀하는 장면이 나온다. 그때 어부 출신인 시몬 베드로는 물고기 잡는 데 있어서, 수많은 경험과 노하우를 가지고 있었다. 목수 출신인 예수님이 어떻게 고기 잡는 일에 그렇게 말씀하실 수 있는가? 불평을 할 수도 있었다. 그러나 베드로는 주님의 말씀이었기에, 자신을 내려놓고 순종했다.

선생님, 우리들이 밤이 새도록 수고하였으되 잡은 것이 없지마는 말

말씀에 의지하여 내가 그물을 내리리이다(누가복음 5:5)

원문을 보면, 베드로가 여기서 "선생님"이라 부른 호칭이 매우 중요한 의미를 갖는다. 베드로가 사용한 이 단어, "에피스타타"는 누가복음에만 기록되어 있는 독특한 단어다. 헬라어는 일반적으로 선생teacher을 '다다스칼로스' 혹은 '랍비'로 사용한다. 예를 들어 요한복음에는 "너희가 나를 선생 또는 주라 하니 너희 말이 옳도다(요한복음 13:13)"라는 말이 나온다. 그때 선생은 '다디스칼로스'를 사용했다. 그러나 누가는 '에피스타타'라는 단어를 사용함으로써, 다른 사람보다 신분이 높은 위치에 있는 사람의 권위를 나타내었다. 즉, 이 단어는 같은 의미이면서도 가르침의 권위에 초점을 맞추어 존경과 인정을 뜻하는 것이다. 훗날 베드로는 이 호칭을 신앙 고백적 호칭인 "주님퀴리에, 퀴리오스"로 바꾸어 불렀다.

예수님 당시에는 예수님을 따르는 두 부류의 사람들이 있었다. 하나는 그냥 떠도는 무리들이었다. 배고프고 소외된 백성들, 로마의 학정에 시달리는 수많은 백성들이 예수님에게서 무엇을 얻을까 하고 뒤를 따랐다. 다른 하나는 소수의 제자들이었다. 제자들은 언제나 예수님에게서 무엇인가 배우도록 초청을 받은 사람들이다. 전자의 무리들이 물질을 위한 것이라면, 후자의 제자들은 진리와 인격을 배움으로써, 새로운 미래의 세계를 향하려는 목적이 있었다. 여기서 마태는 우리가 예수 선생님으로부터 무엇을 배워야 하는지를 전한다.

나는 마음이 온유하고 겸손하니 나의 멍에를 메고 내게 배우라. 그리
하면 너희 마음이 쉼을 얻으리니(마태복음 11:28-30)

인간이 배워야 할 최고의 배움은 바로 마음의 배움이다. 인간의 참 행복은 어떤 마음을 가지고 사느냐에 달려 있다. 마음이 사악한 사람이 결코 행복을 만들어갈 수 없다. 어떤 마음을 배우고 사느냐가 중요하다. 아무리 좋은 교육을 받고 많은 지식을 가지고 있을지라도, 그 사람의 마음이 바르지 못하면 그 배움과 지식은 아무짝에도 쓸모 없을 뿐 아니라, 사회적으로도 큰 해를 끼치고 만다. 우리 주변에 일어난 부도덕하고 악한 일들은 어찌 보면 모두 다 "사악한 마음"에서 비롯된 것들이다.

종교철학자요 심리학자인 윌리엄 제임스William James는 "우리 세대에 가장 위대한 발견은 인간이 자기 마음의 자세를 바꾸므로 인생을 바꿀 수 있다는 사실을 발견한 것이다"라고 말했다. 예수님께서는 인간의 모든 운명과, 행복과, 불행, 삶의 모든 자유가 다 '마음'에 있다는 것을 이미 알고 계셨다. 그래서 "내게 와서 내 마음을 배우라"고 말씀하셨다. 무슨 마음인가? 예수를 닮고자 하는 마음이다.

어떻게 이러한 겸손과 온유의 마음을 배울 수 있을까? 예수님은 "내 멍에쥐고스를 메고"라고 했다. 멍에를 멘다는 말은 '함께한다'는 말이다. 즉, "스승과 제자가 함께 배우고 훈련하는 것"이다. 예수님께서 우리를 가르치는 스승이 되시고, 우리는 그의 제자가 되는 것이, 진정

한 의미에서, "함께 멍에를 메는 것"이다. 예수님께서 지신 멍에는 십자가이다. 그러므로 "내 멍에를 메고 내게 배우라"는 말씀은 예수님의 십자가 안으로 들어오라는 뜻이다. 거기에 부활이 있고 생명과 소망이 있으며, 참된 자유와 평안과 행복이 있기 때문이다. 그래서 사도 바울은 이렇게 말한다.

> 너희 안에 이 마음을 품으라 곧 그리스도 예수의 마음이니 그는 근본 하나님의 본체시나 하나님과 동등됨을 취할 것으로 여기지 아니하시고 오히려 자기를 비워 종의 형체를 가져 사람들과 같이 되셨고 사람의 모양으로 나타나사 자기를 낮추시고 죽기까지 복종하셨으니 곧 십자가에 죽으심이라(빌립보서 2:5-8)

이것이 바로 예수님의 온유하고 겸손한 마음이다. 예수님께서는 철저하게 자기를 비우셨다. 그리고 그 빈 마음으로 섬기는 자로 사셨다. 비움의 자리에 채움이 동시에 나타났다. 십자가에서 하나님의 뜻에 순종하며 자기를 희생시킴으로써 새로운 채움을 얻게 되었다. 여기에 성령의 강림이 있다. 그는 겸손으로 자기의 마음을 비웠고, 온유로 그의 비워진 마음을 채웠다.

참된 교육이란 무엇인가? 왜 우리 교육의 교권이 무너지고 있을까? 한 마디로, 가르침을 받는 자와 가르치는 자가 하나가 되지 못하기 때문이다. 문제의 해결은 서로가 코드를 맞추는 일이다. 가르침을 받는 자는 배우려는 자세를 가져야 하고, 또 가르치는 자는 참된 삶의 길, 진리의 길을 가르쳐야 한다. 이 질서가 회복되어야 모두가 바라는 참된 교육이 살아난다. 무엇보다도 우리 그리스도인들이 먼저 예수님께 그의 마음을 배우고 또 그 분과 하나 되는 믿음의 교육과 훈련을 받아야 한다. 그것이 예수님의 마음을 배우는 것이며 동시에 예수 닮기가 완성되는 길이다. 우리의 삶이 예수님의 마음을 배우는 삶이 될 때, 진정한 예수의 참 제자로 살아가는 것이다.

예수닮기_적용하기

1. 내가 그동안 배워온 것들은 무엇인가?
2. 예수의 마음을 배우기 위해 내려놓아야 할 것이 있다면 무엇인가?

#4

믿음의 삶

사람이 무슨 일을 할 때나 부딪히는 일에 있어서, 마음에 감동을 느낀다면 얼마나 기쁘고 즐겁고 행복한 일인가? 최근 친구 목사님의 이야기를 전해 듣고 감동을 받은 적이 있다. 차를 타고 가는데, 옆에 새 차 한 대가 바짝 붙어 지나가면서 차 문짝을 '찌익' 긁어놓더라는 것이다. 즉시 차를 멈추었더니, 상대편의 차를 운전하던 젊은 부인이 허겁지겁 내리더니, 사색이 되어 그에게 다가와서 이렇게 말하더라는 것이다. "미안합니다. 제가 아직 운전에 서툴러서요. 변상해드릴게요."

그녀는 잘못을 인정했지만, 자기 차의 앞 범퍼가 찌그러진 것을 알고는 갑자기 눈물을 뚝뚝 흘렸다. 이틀 전에 산 새 차를 이렇게 찌그러뜨려 놓았으니 남편 볼 면목이 없고 남편한테 혼날 생각을 하니 답답하다며 눈물을 멈추지 못했다. 친구 목사님도 그녀가 참 안됐다는 생각이 들었지만, 사고 처리를 위해 운전면허증과 보험관계 서류를 가져오라 했더니, 운전석 옆의 사물함을 열어 봉투를 가져오는데, 두 개의 봉투를 가져오더라는 것이다. 그러면서 하는 말이, "이건 남편이 만약의 경우를 위해서 필요한 서류들을 담아둔 봉투예요."라면서 내놓더라는 것이다. 그래서 그 서류 봉투를 열어보았더니, 맨 앞장에 굵은 펜으로 다음과 같은 커다란 글씨가 적혀 있었다.

> 여보, 만약 사고를 냈을 경우에 꼭 이것을 기억해요. 내가 가장 사랑하고 걱정하는 것은 자동차가 아니라 바로 당신이라는 사실을.

이 얼마나 감동적인가? 요즘도 이런 남편이 있을까? 사람은 누구나 감동을 받으면 행복감에 젖고, 좀 힘들고 어려워도 잘 참아낼 수 있다. 우리에게 필요한 것은 가정과 직장, 그리고 사회에서 감동을 주고받는 것이다. 지금 우리 사회는 이런 감동을 주고받는 마음의 여유가 필요하다. 이 여유를 잃어버리면 마음의 강퍅함이 생기고, 결국 상대방을 향한 손가락질과 주먹질이 난무하게 된다. 얼마나 불행한 삶인가?

신약성경 누가복음에는 예수님이 백부장의 믿음을 보고 감동한 이야기가 등장한다. 예수님은 백부장의 믿음을 가리켜, "이만한 믿음"이라고 하셨다. 즉, 믿음의 척도를 설명하셨는데, 영어 표현으로 'such a great faith'다. 그러니까 '이만큼 큰 믿음'이란 뜻이다. 사람마다 '이

만큼'이라고 할 때, 그 양은 표현하는 방식과 척도에 따라 다르다. 얼마큼 많이 표현하느냐에 따라 채워지는 그 양도 달라진다. 이러한 관점에서, 예수님이 표현한 백부장의 믿음은 어떠한 것일까? 한 가지 분명한 사실은 백부장이 자신의 문제이거나 가족의 문제가 아닌, 자신의 종의 문제, 즉, 어떤 의미에서는 대수롭지 않게 여길 수도 있는 그러한 문제에 관심을 갖고 있었다는 것이다. 여기서 예수님이 백부장을 향해 "이만~한 큰 믿음"을 설명할 때, 그것은 이기적인 욕망의 문제가 아닌 그 너머의 초월적인 나눔과 섬김의 표현이었다.

예나 지금이나 예수님을 감동시킬 수 있는 사람은 오직 믿음의 사람이다. 입술로만 믿는다고 말하지 않고 백부장처럼 주변 사람들에게 사랑과 관용을 베풀며 덕스러운 삶을 살아갈 때, 하나님께 영광을 돌린다. 자기의 연약함을 솔직히 고백하며 하나님의 능력을 의지할 때, 하나님께서는 우리의 연약함을 통해 그의 크신 능력을 나타내신다.

언젠가 국민일보에 〈교회 다니면 부도 따른다〉는 이색적인 논문이 실렸다. 미국 MIT 대학 경제학과의 조너선 그루버Jonathan Gruber 교수가 발표한 연구 논문으로, 마음의 평안과 구원을 얻으려 교회에 가는 행위가 부차적으로 경제적 풍요로움까지 뒤따르게 한다는 것이 논문의 결론이다. "교회 참석 빈도가 2배가 되면 가계 소득이 9.1% 증가한다"는 구체적인 수치도 밝혔다. 그는 진보 개신교, 보수 개신교, 가톨릭, 유대교 등 특정 종교 7개 집단에 대해 연구한 결과, 이 같은 결론을 내린 것이다

이 논문에 따르면 교회 참석률이 높을수록, 학력, 소득 수준과 혼인률이 높다고 지적한다. 그루버는 "신앙심이 강해질수록 일상적인 문제들에 대한 스트레스가 줄어들기 때문에 교회에 자주 가는 사람은 노동 시장과 결혼 시장에서 성공하기 쉽다"고 설명했다. 교회 공동체는 개인에게 사회적 관계망과 구직 기회를 넓히는 공간인 동시에, 일종의 '정서적 보험'까지 가능케 함으로써, 경제적 실패의 위험성도 줄일 수 있다고 했다. 교회 예배에 빠지지 않는 사람일수록 경제적 풍요가 더해진다는 사실이다. 즉, 믿음의 척도에 따라 하나님의 축복이 그만큼 달리 이루어진다는 것이다. 한 경제학자의 논문에 대해 여러분들의 생각은 어떠한가? 또 그의 주장과 어떤 차이점이 있는가?

사람이 살아가면서 삶의 가치를 느낄 때에, 가장 기본적인 단계는 '소유의 단계'다. 무언가를 갖고 누리고 싶은 욕망이 생길 때 생기는 가치다. 그래서 그 가치 기준을 얼마나 많이 가지고 있느냐에 따라 그 사람은 평가를 받는다. 그러나 그 단계를 한 단계 더 넘어서면, 나타나는 단계가 '나눔의 단계'다. 내가 소유하고 있는 재산, 능력, 달란트 등을 이웃에게 나누면서 보람을 얻는 가치다. 나누면서 기쁨을 얻고, 나누면서 더 좋은 것을 얻는다. 그리고 마지막 최고의 단계는 '베풂과 섬김의 단계'다. 나누면서 얻는 기쁨으로 이웃을 섬길 수 있는, 그리고 베풂과 섬김의 봉사를 통해, 하나님을 만날 수 있는 경지에 이르는 신앙의 가치다. 따라서 나눔의 가치를 깨닫는 사람만이 섬김과 봉사의 가치로 이어갈 수 있는 사람들이다.

누가복음의 백부장은 바로 이 섬김의 자리로 가기 위해 준비하는 나눔의 가치를 깨달은 사람이다. 그는 자기만의 것을 챙기려는 소유의 가치에 머문 사람이 아니고, 자기의 종의 아픔까지도 나누는 나눔의 가치를 발견한 사람이었다. 여기서 예수님은 백부장을 향해 "이만~한 믿음"을 이스라엘 사람 중에서 본 적이 없다고 지적하신 것이다.

백부장의 이 같은 나눔의 가치 발견은 다음에 근거를 둔다.

첫째, 종을 인간적으로 사랑한 데서 시작되었다. 당시 종은 노예를 뜻한다. 종은 인간 취급을 받기보다는 동물에 불과했고, 살아 있는 물건에 불과했다. 주인이 학대하거나 죽여도 인간의 권리를 주장할 수 없는 존재였다. 그럼에도 백부장은 자신의 종을 값지고 귀하게 여겼고 궁극적으로 병이 낫기를 바랐다. 사람을 여러 번 주님께 보냈다고 기록된 것으로 보아, 예수님에 대한 그의 신앙심이, 이웃에 대한 사랑이 얼마나 깊었는지를 알 수 있다.

둘째, 그의 겸손함이다. 백부장은 이방인이기는 했지만 휘하에 백 명의 부하를 거느린 로마의 장교였다. 그러니 자신만만함과 당당함이 넘쳐 있는 사람이다. 그러나 주님이 자신의 종의 병을 가서 고쳐주겠다고 했을 때, 그는 "내가 주께 나아가기도 감당하지 못할 줄 알았나이다 말씀만 하사 내 하인을 낫게 하소서 나도 남의 수하에 든 사람이요, 내 아래에도 병사가 있으니 이더러 가라 하면 가고 저더러 오라 하면 오고 내 종더러 이것을 하라 하면 하나이다(누가복음 7:7-8)"라고 겸손함을 보였다. 약간의 권력을 가진 자가 부릴 수 있는 객기인 교만함이 아니라, 정말 겸손하게 주님을 영접하고 신뢰하는 모습을 보였다. 주님은 바로 그러한 사람에게 은혜를 베푸셨다.

서로 겸손으로 허리를 동이라 하나님이 교만한 자를 대적하시되 겸손한 자에게 은혜를 주시느니라(베드로전서 5:5)

은혜에는 법칙이 있다. 높은 산꼭대기의 물이 낮은 골짜기를 향해 흐르는 것처럼, 하나님의 은혜는 겸손한 심령을 향해 반드시 흐른다. 은혜가 내게 사라졌나? 그러면 가장 먼저 체크해보아야 한다. 나에게 교만한 부분은 없는가? 내가 우쭐대고 있지는 않나? 내가 정말로 겸손하게 섬겨야 될 신앙생활을 잃어버리지 않았나? 하는 부분들을.

셋째, 간절한 기도다. 백부장은 무엇보다도 주님께 나아와 "간절히 구하(누가복음 7:4)"였다. 크리스천의 생활 속에 정말 필요한 것이 있다면 그것은 바로 이 간절함이다. 우리가 주님을 향해 간절한 마음을 가진다는 것은 우리 스스로가 하나님 앞에 낮아짐을 의미한다. 성령이 우리 마음속에 작용하지 않고서는 불가능한 일이다. 낮아진 사람이 하나님 앞에 간절한 마음으로 구할 수 있는 것이다. 즉, 경건한 자의 자세인 것이다. 기도는 이러한 경건한 삶 속에서 이어지는 것이고, 그 안에서 응답이 이루어지는 것이다.

예수님이 평가한 백부장의 "이만~한 믿음"은 그의 삶의 가치를 어디에 두고 있느냐에 따른 것이었다. 하나님은 사람의 믿음의 크기에 따라 은혜를 베푸신다. 예수님을 닮으려는 모든 사람들에게는 이와 같은 믿음, "이만~한 큰 믿음"이 채워져야 한다.

예수닮기_적용하기

1. 지금까지 나는 무엇을 채우며 살아왔나?
2. 믿음을 채우기 위해 버려야 할 것은 무엇인가?

#5

경외의 삶

성경에서 예수님이 우리에게 보여주신 삶의 모습 가운데 하나는 "하나님을 경외하는 삶"이다. 사전적인 의미로, '경외한다'는 말은 '공경하면서 두려워한다'는 뜻을 가지고 있다. 그러나 성경은 이것을 보다 자세히 설명하며 하나님과 연관시킨다. 즉 무서움과 두려움의 존재로가 아니라, 하나님의 영광을 드러내는 자의 '경건한 공경심'을 말한다. 따라서 성경에서 말하는 '경외'란 하나님께 '존경하는 마음으로 조심하여 섬긴다'는 의미다. 즉, 하나님을 경외하는 것은 하나님이 누구이신지를 알고, 또 내가 누구인지를 알 때 자연히 형성되는 마음의 태도다. 그런 점에서 '경외'는 우리 신앙의 기초이다. 우리가 신앙의 위기를 만나게 되는 이유가 몇 가지 있다. 첫째는 하나님을 기뻐하지 않기 때문이고, 둘째는 하나님을 두려워하지 않기 때문이다. 결국, 이 두 가지는 자기 신앙을 점검하는 가장 중요한 표준[criterion]이 된다.

조이 도우슨[Joy Dawson]이 쓴 《하나님을 경외하는 마음》이란 책에는 다음과 같은 글이 있다.

하나님을 경외하는 삶이란 하나님께 즉시, 기쁘게 온전히 순종하는 것을 말한다. 하나님의 의로우심, 신실하심, 지혜와 사랑을 깊이 깨달으면 깨달을수록 하나님께 순종하는 것이 보다 더 수월해진다. 하나님을 경외하는 삶이 하나님께 즉시, 기쁘게 온전히 순종하는 것이라고 한다면 그 외의 것들은 다 불순종이다. 미적미적하며 뒤늦게 순종하는 것도 불순종이며, 부분적으로 순종하는 것들도 불순종이며, 하나님이 시키시는 일에 대하여 투덜대거나 불평하는 것도 불순종이다.

우리가 하나님이 어떤 분이신지를 알게 되면 반드시 그를 경외하게 된다. 우리가 하나님을 기뻐하는 이유는 '받은 은혜와 사랑'이 너무 크기 때문이며, 하나님을 두려워하는 이유는 구원받은 자로서 하나님께 대한 '책임과 순종'을 다하지 않았기 때문이다. 만일 우리가 하나님께 대한 경외심 없이 예배를 드리거나 또 신앙생활을 하게 되면, 우리에겐 신앙의 '천박함'만 남는다. 소위 "값싼 은혜"만이 남게 된다. 우리가 하나님께 대한 전적인 경외심을 갖는 것은 그분이 우리의 '창조주'라는 사실을 인정하는 '믿음'에서부터 출발한다. 구약의 잠언은 그것을 지식과 지혜의 근본이라고 했다.

여호와를 경외하는 것이 지식의 근본이거늘 미련한 자는 지혜와 훈계를 멸시하느니라(잠언 1:7)

여호와를 경외하는 것이 지혜의 근본이요, 거룩하신 자를 아는 것이 명철이니라(잠언 9:10)

달리 표현하면, 하나님을 경외하는 데서부터 우리의 신앙과 인생은 시작된다는 것이다. 솔로몬이 쓴 전도서의 마지막 결론을 보면, "하나님을 경외하고 그의 명령들을 지킬지어다 이것이 모든 사람의 본분이니라(전도서 12:13)"고 했다. 여기서 '본분'이란 사람이 마땅히 지켜야 할 '도리'를 말한다. 그래서 지식과 지혜의 근본이요, 모든 사람의 본분인 하나님을 경외하는 법을 배우는 것은 우리 인생과 신앙생활을 결정하는 매우 중요한 요소이다. 그러기에 신앙생활은 내가 기준이 되는 것이 아니라, 하나님이 기준이 되는 삶의 방식이다. 내 기준, 내 기분, 내 마음에 맞추는 것이 아니라, 하나님이 원하시는 뜻대로 사는 것이 바로 신앙의 삶이다.

신약성경 로마서를 보면, "너희는 이 세대를 본받지 말고 오직 마음을 새롭게 함으로 변화를 받아 하나님의 선하시고 기뻐하시고 온전하신 뜻이 무엇인지 분별하도록 하라(로마서 12:2)"는 말씀이 있다. 하나님이 기뻐하시는 뜻이 무엇인지, 주님의 뜻대로 살아가는 것이 무엇인지를 아는 것이 바로 신앙이다. 예수를 닮는다는 것은 바로 이 같은 신앙의 원리를 깨닫는 것이다.

이 믿음의 원리를 깨닫고 하나님을 경외한 대표적 인물은 아브라함과 다윗이다. 하나님이 아브라함에게 그의 아들 이삭을 바치라 했을 때, 이삭을 죽여서 바치는 것을 원치 않으셨다. 하나님께서 무슨 명령을 하시든지, 무슨 말씀을 하시든지, 하나님의 말씀에 전적으로 순종하는지를 원하셨다. 결과적으로, 이런 모든 시험에 합격한 아브라함은 오늘날까지도 '믿음의 조상'이 되었다.

> 네가 네 아들 네 독자라도 내게 아끼지 아니하였으니, 내가 이제야 네가 하나님을 경외하는 줄을 아노라(창세기 22:12)

다윗도 마찬가지로, 하나님을 경외함으로 차고 넘치는 복을 받은 사람이다. 그는 하나님을 경외하는 자가 누리게 될 복을 노래하며 가르쳤다.

> 너희 성도들아 여호와를 경외하라 그를 경외하는 자들에게는 부족함이 없도다(시편 34:9)
> 할렐루야, 여호와를 경외하며 그의 계명을 크게 즐거워하는 자는 복이 있도다(시편 112:1)
> 여호와를 경외하며 그의 길을 걷는 자마다 복이 있도다(시편 128:1)

다시 말해서, 하나님을 경외한다는 말은 하나님을 경외하는 거룩한 영, 즉 성령이 내게 임했다는 말이다. 그러므로 하나님을 경외하는 마음을 갖게 되는 것은 '성령으로 말미암아' 하나님과 나 사이에 생명

줄이 연결되었다는 뜻이다. 엄마와 탯줄로 연결된 태아가 엄마의 배 속에서 엄마를 의지하고 신뢰할 때, 점점 자라나 건강하게 태어나는 것처럼, 하나님을 경외하는 사람은 항상 하나님을 바라보고 의지하고 신뢰하며, 사모함으로 하나님을 섬길 때 구원받은 자로 축복을 누리게 된다.

이러한 축복의 원리가 우리의 삶 가운데에 분명함에도 불구하고, 우리 주변에는 이러한 축복과 신앙을 아직도 간직하지 못하는 사람들이 참으로 많다. 왜 그런가? 일상 생활 속에서 하나님을 가까이 하고 경외하기보다는, 자꾸 하나님을 멀리 떠나기 때문이다. 하나님을 향한 사랑이 식었기 때문이다. 사랑 없는 행동은 얼마나 무의미한가? 천사의 말도 사랑이 없으면 요란하게 울리는 꽹과리이고, 산을 옮기는 믿음도 헛것이고, 예언의 능력도 아무것도 아니며, 몸을 불사르는 희생이 있어도 의미 없는 죽음이 된다. 결국 사랑이 없으면 우리가 쌓은 명예, 권세, 재물 등은 다 허울에 불과하다.

그래서 예수님은 "네 마음을 다하고 목숨을 다하고 뜻을 다하여 주 너의 하나님을 사랑하라Love the Lord your God with all your heart and with all your soul and with all your mind(마태복음 22:37)"고 말씀하셨다. 즉, 경외하라는 말이다. 이것이 가장 큰 첫째 계명이다. 이 말씀은 우리가 무엇을 하든지 간에, 하나님을 향한 사랑이 가장 우선 해야 한다는 것이다. 그리고 거기에 "마음을 다하고 목숨을 다하고 뜻을 다하는 것"이어야 한다는 말이다.

여기서 "마음heart"으로 번역된 '카르디아'는 가식 없는 내면의 진실함을 가리킬 때 사용된다. 그리고 "목숨soul"으로 번역된 '프쉬케'는 '호흡', '생명'이란 뜻으로, 여기서는 하나님께서 각자에게 주신 생명을 가리킨다. 마지막으로 "뜻mind"으로 번역된 '디아노이아'는 '생각', '지각'이란 의미로서, 이해하고 느끼며 갈망하는 기능으로서의 마음을 가리킨다. 따라서 "네 마음과 목숨과 뜻을 다하여"라는 말은 자기 자신의 전인격을 기울여야 한다는 뜻이다. 하나님 사랑, 하나님 경외는 그렇게 전인격적으로 이루어져야 한다.

예수닮기_적용하기

1. 내가 두려워하는 대상은 무엇인가?
2. 하나님께 순종하는 삶을 살기 위해 내가 극복해야 할 두려움이 있다면 무엇인가?

#6

침묵의 삶

우리는 말의 홍수 시대에 살고 있다. 아침에 눈을 뜨면서부터 밤에 눈을 감을 때까지 온갖 사람들과 미디어에 둘러싸여 수많은 말을 듣기도 하고 또 말하면서 산다. 홍수가 나면 사방이 물 천지임에도, 정작 깨끗한 마실 물이 없어서 사람들은 고생을 한다. 마찬가지다. 말의 홍수 속에서 꼭 필요한 말을 찾지 못하며, 사람들은 쏟아지는 말 때문에 상처를 받고 산다.

따라서 내가 사용한 말이 홍수를 일으키는 그런 말인지, 아니면 그런 말의 홍수 속에서 생명을 살리는 말인지를 돌아보는 지혜가 필요하다. 긍정적 생명의 말에는 격려가 있고, 칭찬이 있고, 감사가 있다. 무엇보다도 그 말에는 믿음이 있다. 그래서 무심코 내뱉은 나의 말이 상대방에게 분노와 우울감, 미움과 절망에 빠지게 하지는 않았는지 살펴볼 필요가 있다. 흔히 우리는 말을 안 해서 소통이 안 된다고 한다. 그러나 정작 우리가 말을 많이 해야만 소통이 잘되는 것은 아니다. 오히려 침묵을 통해서 더 깊은 소통이 이루어질 수도 있다. 왜냐하면 나의 침묵 속에서 너(상대방)의 소리를 들을 수 있기 때문이다. 말의 홍수 시대 속에서 지금 우리에게는 침묵이 더 필요한 때이다.

어떤 수도사에게 한 여인이 찾아와 하소연을 했다. "남편과의 말다툼 때문에 살 수가 없습니다." 수도사는 물이 담긴 병을 주면서 이렇게 말한다. "남편과 다투기 직전 이 물 한 모금을 입안에 물고 삼키지 마세요. 그러면 문제가 해결될 겁니다. 이 물은 신비한 물입니다." 여인은 남편이 시비를 걸 때마다 그렇게 했다. 그러자 가정이 조용해지고 불화가 멈추게 되었다. 여인이 수도사를 찾아와 고마움을 전하며, 그 물이 참으로 '신기한 물'이라고 감탄했다. 그때 수도사가 말한다. "그 물은 평범한 물입니다. 다만 침묵이 신비로울 뿐입니다."

2010년 출간된 맥스 피카르트 Max Picard 의 《침묵의 세계》라는 책에서, 이렇게 말했다.

침묵은 말이 없어도 존재할 수 있지만 말은 침묵이 없이는 존재할 수 없다. 말에 침묵이라는 배경이 없다면 말은 아무런 깊이를 가지지 못한, 침묵으로부터 말이 나온다는 것. 바로 그것에 의해 침묵은 비로소 완성된다.

위대한 말, 필요한 말, 참으로 깊이 있는 말은 쏟아지는 많은 말 속에 있는 것이 아니라, 침묵에서만 나올 수 있는 말들이다. 마치 그림에 여백이 있음으로 해서, 그림 자체가 그 의미와 가치를 갖는 것처럼 말이다. 그래서 침묵은 창조적인 지혜를 제공한다. 성경 속의 예수님의 침묵은 하늘의 지혜를 공급받는 기도의 시간이었다. 예수를 닮기 원한다면, 우리는 예수님의 이 침묵의 삶을 배워야 한다.

신약성경 요한복음을 보면, 간음하다 잡혀온 여인에게 율법은 돌로 치라 명하는데 당신은 어떻게 하겠느냐고 묻는 바리새인들의 질문이 나온다. 그때 예수님은 침묵하면서 허리를 굽히시고 땅에 글을 썼다. 그리고 일어나 "너희 중에 죄 없는 자가 먼저 돌로 치라(요한복음 8:7)"고 말씀하셨다. 예수님께서 왜 아무 말씀 없이 땅에 글을 쓰셨을까? 먼저 예수님이 말을 통해서 사람들을 일깨우려고 했다면, 흥분한 사람들은 아무도 들으려고 하지 않았을 것이다. 그래서 예수님은 듣지 않으려는 사람들에게 말로 하기보다는 침묵을 선택하셨던 것이다. 그랬더니, "이 침묵의 소리를 들은 사람들은 양심의 가책을 느껴 어른부터 시작하여 젊은이까지 하나씩 나갔다(요한복음 8:9)"고 기록한다.

구약성경 여호수아서를 보라. 하나님께서 이스라엘 백성들에게 여리고 성을 도는 동안 침묵의 명령을 내리셨다.

너희는 외치지 말며 너희 음성을 들리게 하지 말며 너희 입에서 아무

말도 내지 말라. 그리하다가 내가 너희에게 명령하여 외치라 하는 날에 외칠지니라(여호수아 6:10)

왜 이런 침묵의 명령이 필요했을까? 만일 침묵이 없었다면 백성들 사이에 얼마나 부정적인 이야기들이 번졌을까? "우리가 돈다고 이 성이 무너지겠나? 말도 안 되는 소리야. 여기서 이렇게 돌다가 진짜 우리가 돌겠다. 돌기 전에 그만두자." 등등. 부정적이고 의심적인 말들은 쉽게 많은 동조자를 얻는다. 그래서 하나님께서는 그들이 침묵을 통해 약속의 말씀을 묵상하며, 하나님을 바라보기를 원하셨던 것이다.

하나님께서는 오늘도 우리가 이런 침묵의 행진으로 하나님의 사역에 동행하기를 원하신다. 우리 앞에 가로막고 있는 '여리고 성'과 같은 일들을 침묵하며 믿음으로 행진할 것을 기대한다. 그리고 우리가 충분히 침묵했을 때, 하나님께서는 믿음의 소리를 외칠 타이밍을 잡고 그때 말씀하실 것이다. 이러한 침묵을 '내적 긍정의 소리'라고 말한다. 우리가 뱉는 말들은 과연 어떤 소리일까? 믿음의 소리일까? 아니면 의미 없는 말 소리에 불과한 것일까?

하나님은 우리에게서 나오는 소리들이 부정과 의심의 소리이기를 원치 않는다. 긍정과 순종의 소리이기를 원하신다. 우리가 주님의 일을 하다 보면 수많은 일을 만나게 되고, 그럴 때마다 우리는 "그 일을 무엇 때문에 하는가? 하지 않으면 안 되나? 할 필요가 있는가?" 등 부정과 의심의 말들을 할 때가 참 많다. 하지만 하나님은 당신의 일을 하실 때에, 우리에게 믿음으로 그 뜻을 순종하기 원하신다. 그래서 하나님은 간혹 당신의 음성을 전하기 위해, 우리에게 침묵을 요구한다. 그것은 우리의 말이 많아지면 하나님의 음성을 제대로 들을 수 없기 때문이다.

그럼에도 불구하고, 대체로 어떤 조그만 문제가 생기면, 우리는 말을 더 많이 하는 경향이 있다. "이건 어쩌고 저건 어쩌고, 사람들과 이러쿵저러쿵" 말을 하면서 자기의 의견과 주장을 내세운다. 하나님께 물어보고 하나님의 음성을 먼저 듣기보다는 '사람들에게' 말하고, '사람들과' 말하기를 좋아한다. 그러나 하나님의 방법은 우리가 침묵 속에서 하나님의 음성을 듣기 원하신다. 하나님은 우리에게 무엇이 당신을 기쁘게 하는 것인가를 말씀하기를 원한다. 침묵은 성령님의 음성을 듣는 가장 좋은 방법이다. 그러므로 우리가 주님의 일을 감당할 때 말을 꼭 해야 할 경우에는 가능한 한, "No"라는 말(하지 말자. 뭐 때문에 하나? 안 될 거야)보다는 "Yes"(해보자. 길을 찾아보자. 잘될 거야)라고 해야 한다. 그 일이 자신의 구원의 문제라든지, 이단 문제라든지, 내 신앙에 해를 끼치는 것이 아니라면 말이다.

어느 날 젊은 철학자 에머슨Ralph Waldo Emerson이 대사상가인 칼라일 Thomas Carlyle을 방문했다. 두 사람은 호수 주변의 산책로를 말없이 걸었다. 해질 무렵에 두 사람은 지그시 눈을 감고 깊은 사색에 잠겼다. 두 사람은 단 한마디의 대화도 나누지 않았다. 그런데 저녁때 에머슨은 매우 기쁜 표정으로 이런 작별인사를 했다, "오늘 선생님께 정말 많은 것을 배웠습니다." 칼라일도 밝은 표정을 지으며 에머슨의 손을 잡고, "나도 자네에게 한 수 배웠네. 자네는 매우 훌륭한 철학자가 될 걸세." 두 석학은 '대화'보다 '침묵'이 얼마나 중요한가를 깊이 깨달았다. 그래서 서로 침묵의 시간을 깨뜨리지 않았던 것이다. 신앙의 세계는 바로 이러한 깊이를 발견하는 것이다.

지금 우리는 말보다는 침묵이 필요한 때에 살고 있다. 인터넷, 카톡, 스마트폰 등 첨단 기술 문명으로, 수많은 말들 때문에 상처받고 또 상처 주며 살아간다. 이러한 환경 속에서 내 말보다는 하나님의 음성을 먼저 들어야 한다. 지금은 침묵함으로 하나님의 뜻을 분별하고 순종할 때이다. 이를 위해 우리는 스스로 '침묵의 훈련'을 가져야 한다. 침묵은 훈련으로 만들어진다. 그렇게 함으로써, '거룩한 습관'이 되는 것이다. 리처드 포스트Richard Foster가 《영성 훈련》이란 책에서 말한 것처럼, "침묵은 하나님께 삶의 고삐를 맡기는 것"이고, "침묵은 하나님을 신뢰한다는 증거"다.

그래서 이러한 침묵의 훈련으로 무장된 예수님은 십자가 위에서 "왜 나를 버리십니까" 하고 절규했지만, 하나님의 침묵 속에서 들려오는 하나님의 음성을 듣고 침묵했다. 예수님의 침묵은 하나님께 모든 것을 맡기고 그의 뜻을 수용하겠다는 "아멘의 침묵"이었다. 우리는 예수님이 행하셨던 '침묵 속의 음성'을 들을 수 있어야 한다. 예수님을 향한 들을 귀를 여는 것. 그것이 바로 진정한 믿음이다. 그리고 그 침묵 뒤에 있는 하나님의 위대한 계획을 발견하는 것. 그것이 또한 믿음이다. 예수님을 닮으려면 이 침묵의 삶이 절대적으로 요구된다.

침묵에는 세 종류가 있다. 말의 침묵, 욕망의 침묵, 생각의 침묵이다. 말의 침묵은 완전한 것이고, 욕망의 침묵은 좀 더 완전한 것이며, 생각의 침묵은 가장 완전한 것이다. 침묵이 필요할 때 침묵함으로써, 내면의 성숙을 보이는 예수 닮기 원하는 사람들이 돼라. 침묵의 훈련은 '참과 거짓 중에 참에 해당하는 그리스도인'이 되는 길이다. 긍정적인 침묵의 훈련으로, 우리는 가정, 교회, 그리고 사회 등 내가 속한 삶의 자리에서, 아름답게 변화되고, 승리하는 삶을 살아갈 수 있게 될 것이다.

 예수닮기_적용하기

1. 침묵을 방해하는 것이 있다면 무엇인가?
2. 나의 침묵이 필요한 곳은 어디인가?

#7

기도의 삶

세월호 참사를 기억하는가? 그때 '복원력'이란 단어가 등장했다. 배가 큰 파도에 넘어질 듯하다가 다시 세워져 앞을 향해 나가는 힘을 말한다. 우리 인생에서도 이 같은 복원력이 필요할 때가 있다. 처음부터 넘어지지 않고 잘 버티면 좋겠지만, 그렇게 바라는 대로 되지 않는 것이 우리 인생이다. 때로는 가장 비참한 상태에 있다고 여길 때도 있고, 시간이 지나고 나면 정말 그 순간이야말로 인생의 가장 소중한 시간이었다고 깨닫는 경우도 있다.

이러한 인생의 복원력은 어디서 생기는 것일까? 바로 '기도'를 통해 나타난다. 기도하는 사람은 넘어질 듯하다가도 곧 균형을 잡고 다시 일어난다. 마치 곡예사가 어느 한쪽으로 치우치는 듯하다가도 넘어지지 않고 외줄을 잘 타듯이 말이다. 인생의 밑바닥을 치려는 순간, 하나님의 손길에 의해 붙잡힘을 받고 다시 일어날 수 있는 복원력이 믿음의 사람들에게는 항상 존재한다. 따라서 우리는 다시 일어날 때를 회상하고, 훗날을 생각하며 나름대로 믿음의 품위를 지켜야 한다.

대부분의 사람들은 이 같은 약한 부분 때문에, 때로 비관하고, 고민하고, 자신감도 잃는다. 그러나 하나님께서는 언제나 이러한 약한 자들을 택해 사용하신다. 하나님께서 사용하시는 사람들이 완전하기 때문이 아니다. 대부분 불완전하고 평범한 사람들, 아니면 약점이 많은 사람들임에도 불구하고, 택하고 사용하신다. "그러므로 내가 그리스도를 위하여 약한 것들과 능욕과 궁핍과 박해와 곤고를 기뻐하노니 이는 내가 약한 그때에 강함이라(고린도후서 12:10)". 바울은 자신이 얼마나 보잘것없는 인물이었는지를 잘 알고 있었다. 외모도, 말주변도 없는 약점투성이의 사람이었다. 그러나 하나님은 약한 자신을 부르시어 강하게 하셨다고 고백했다. 그래서 그는 "약한 그때가 가장 강한 때"라고 고백했다.

신약성경의 복음서를 읽어보면, 예수님께서는 아주 연약한 제자들을 부르시며 깨어 있어 기도에 함께 동참할 것을 권한다. 그런데 그는 "고민하고 슬퍼하사(마태복음 26:37)"라고 했다. 예수님의 이 슬픈 눈물은 세상을 위해 그 누구도 할 수 없는 그 위대한 일을 맡으신 사명자의 눈물이다. 우리 눈에서도 이 값진 뜨거운 눈물이 흐르는 기도가 나올 때, 주님께 받은 사명은 완성된다.

대체로 우리 몸에서는 세 가지 액체가 산출된다. '피와 땀과 눈물'이다. 예수님께서 이 세 가지를 기도하실 때 값지게 흘리심으로써, 그의 삶을 구원의 역사 가운데로 이끄셨다. 그런 점에서, 구원의 방주가 되는 교회는 예수님이 흘렸던 그 세 가지 기도의 눈물과 땀과 피의 의미를 세상에 알리고 전하며 동참하는 공동체이다. 그것이 바로 교회를 상징하는 십자가의 의미이다. 모든 교회당 전면에 놓인 십자가는 처음부터 끝까지 그러한 의미가 담겨 있다. 동시에 그 안에는 치유와 회복, 부활과 새 생명의 의미도 담겨 있다.

우리는 예수 그리스도의 제자로서, 하나님의 뜻이 하늘에서 이루어진 것같이 이 땅에서 이루어지는 데 필요한 사명감을, '예수 닮기'를 통해 얻는다. 그것은 바로 기도의 삶이다. 성경이 보여주는 예수님의 삶은 '기도의 삶'이었다. 그의 생애를 살펴보면, 맨 먼저 세례를 받으실 때에 "예수가 세례를 받으시고 기도하실 때에 하늘이 열리며(누가복음 3:21)", 열두 제자를 선택하실 때에, "예수께서 기도하시러 산으로 가사 밤이 새도록 하나님께 기도하시고 밝으매 그 제자들을 부르사(누가복음 6:12-13)", 또 변화산에서 변화되었을 때에 "기도하시러 산에 올라가서 기도하실 때에 용모가 변화되어(누가복음 9:28-29)" 기도하셨다.

또한 베드로로 인해 근심되었을 때에 "시몬아, 내가 너를 위하여 네 믿음이 떨어지지 않기를 기도하였노니(누가복음 22:31-32)"라고 기도하셨고, 마지막으로 십자가에서 죽게 되었을 때에 "예수께서 큰 소리로 불러 이르시되 아버지여 내 영혼을 아버지의 손에 부탁하나이다(누가복음 23:46)"라고 피와 땀과 눈물로 기도하셨다. 우리의 삶의 매 순간순간마다 중요한 일이 있을 때, 특히 고난 가운데 있을 때, 바로 그 때가 "기도의 때"임을 가르치신 것이다 예수님께서 기도하실 때 제자들에게 명한 두 단어에 특히 주목할 필요가 있다. 첫째, '함께'라는 단어다. '함께'라는 말이 계속 반복되고 있다. "…예수께서 제자들과 함께(마태복음 26:36)" "…너희가 나와 함께(마태복음 26:40)…", "일어나라 함께 가자(마태복음 26:46)". 여기서 기도란 무엇인가?라는 근본적인 질문을 하게 된다. 답은 무엇일까? 기도는 하나님과 "함께"하는 것이다. 하나님 아버지 앞에 진정으로 무릎 꿇는 순간, 나는 하나님과 함께, 더불어 길을 걷게 되는 것이다. 하지만 시간과 장소로만 하나님과 함께한다고 기도가 완성되는 것은 아니다. 진정한 기도는 하나님께서 원하시는 그 마음을 잘 알고, 그 마음에 내 마음을 연합할 때, 비로소 참된 기도가 삶으로 나타나는 것이다.

둘째는 "깨어 있으라"는 말씀이다. 신약성경에 이 단어는 11번 나온다. 그중에 마태복음 26장에만 3번이나 반복해서 사용한다. "나와 함께 깨어 있으라", "나와 함께한 시간도 이렇게 깨어 있을 수 없더냐" "시험에 들지 않게 깨어 기도하라". 헬라어 원문 "그레고레오"는 '잠자지 않음'이라는 뜻이 있지만, '주시하다, 경계하다, 방심하지 않다'라는 뜻이 더 가깝다. 한마디로, 깨어 있으라는 말은 경각심을 가지고 주의를 집중하라는 뜻을 가지고 있다.

왜 기도하는 데 경각심을 가지고 주의를 집중하라는 것일까? '현대인의 성경'은 보다 더 쉽게 번역했다. "시험에 들지 않도록 정신 차려 기도하라(마태복음 26:41)".는 것이다. 기도는 이처럼 시험에 사로잡히지 않기 위해 정신을 차리고 깨어 있는 것이다. 깨어 기도하지 않으면, 하나님이 원하시는 순종을 할 수 없다. 그래서 예수님은 하나님 아버지 앞에 나아가, '아버지의 마음, 아버지의 뜻'에 자신의 모든 것을 맞추었다. "나의 원대로 마시옵고 아버지의 원대로 하옵소서(마태복음 26:39)", "이 잔이 내게서 지나갈 수 없거든 아버지의 원대로 되기를 원하나이다(마태복음 26:42)"라고 기도했다.

그러므로 지금 우리가 처한 삶의 자리가 어떠하든지 간에, 우리는 무엇보다도 시험에 들지 않도록 담대하게 힘을 내어 기도해야 한다. 그리고 그 자리에서 하나님과 함께해야 한다. 이 말씀처럼, 하나님께서는 우리의 기도의 삶을 통해 우리의 가는 길을 인도해주신다. 구약의 엘리야 선지자도 우리와 같은 본성을 가진 사람이었지만, 간절히 기도함으로 하늘 문을 여는 능력의 사람이 되었다.

장례가 있을 때마다 느끼는 것은 우리 인간의 삶과 죽음의 경계는 순간에 불과한 것이며, 그 의미는 인간의 표현에 불과하다는 것이다. "하나님 나라는 여기 있다 저기 있다 할 것이 아니라 너희 안에 있느니라(누가복음 17:21)". 그렇다. 부모가 육신적으로 우리 곁에 살아 있어도, 우리 마음에서 그분이 떠나 있으면, 이미 already 죽은 것이나 마찬가지다. 그러나 육신이 우리 곁을 떠났다 할지라도, 우리 마음에 그분이 함께 계시고, 살아 계신다면, 그분은 내 안에 아직 not yet 살아 계신 것이다. 마찬가지다. 기도의 삶은 우리 안에 주님께서 항상 함께하심으로 살아 계심을 느끼는 것이며, 그분과의 영적인 대화를 나누는 것이다. 그리고 그분과 내가 함께 살아 있음을 나누는 것이다. 예수님을 닮기 원하는 사람들은 "already"에서 절망하는 것이 아니라, "not yet"에서 희망을 찾는 사람들이다.

 예수닮기_적용하기

1. 나는 하나님과 영적인 대화를 나누며 동행하는 삶을 살고 있는가?
2. 하나님과 동행하며 희망을 찾는 삶을 살기 위해서는 어떻게 기도해야 할까?

#8

예배의 삶

　군에 입대를 하면 훈련소에서 가장 먼저 가르치는 것은 제식훈련이라는 기본 동작이다. 차렷, 열중쉬어, 좌향좌, 우향우, 앞으로 가, 뒤로 돌아 등이다. 참으로 지루한 훈련이 몇 주간이나 계속된다. 왜 그들은 아주 쉬운 이 동작을 반복해서 가르치는 것일까? 그것은 그 동작이 군인이 되는 가장 기본적인 자세이기 때문이다. 아마도 이 기본이 흔들리면, 다른 모든 자세가 흔들리게 되기 때문일 것이다. 그런데 군 생활을 해본 사람은 다 잘 알겠지만, 이 쉬운 제식훈련에도 항상 틀리는 사람이 한두 명씩 나오곤 한다. 왜 그럴까?

　신앙생활도 마찬가지다. 가장 기본 자세는 바로 예배의 자세다. 예배 자세가 흔들리고 예배에서 은혜를 받지 못하면, 우리의 신앙생활 전반이 흔들린다. 그래서 신앙인들에게는 예배의 참석과 훈련이 반드시 요구된다. 그럼에도 불구하고, 우리의 편의주의적 발상, 자기중심적 사고, 혹은 안일무사주의적 행동으로 말미암아, 예배의 영성을 잃어버리고 삶이 흔들리는 경우가 종종 나타난다. 무슨 일이 있어도 주일성수의 전통이 흔들려서는 안 된다. 이것이 흔들리면 우리의 삶의 모든 것이 무너질 수밖에 없기 때문이다. 이러한 사실을 우리는 너무나 잘 알고 있다. 그런데도 왜 주일성수를 하지 못하는 것일까?

예배는 구원받은 백성을 향한 하나님의 요구다. 거기서 우리는 하나님과의 만남을 이룬다. 영국 켄터베리 대주교였던 윌리엄 템플William Temple은, "예배를 드린다는 것은 하나님의 거룩하심으로 우리의 의식을 소생시키는 것이며, 하나님의 진리로 마음을 풍성케 하는 것이며, 하나님의 사랑으로 마음을 여는 것이며, 하나님의 목적에 따라 순종하며 살겠다고 고백하고 결단하는 것이다"라고 정의했다. 따라서 우리가 예배를 드리는 삶을 산다는 것은 하나님께서 기뻐하시는 최고의 축복을 받는 것이요, 예수를 닮는 최고의 가치임을 발견하는 것이다.

존 칼빈John Calvin은 그의 주저 《기독교 강요》 제1장에서, "하나님에 대한 지식이 없이는 자기에 대한 지식이 없고, 자기에 대한 지식이 없이는 하나님에 대한 지식이 없다"고 했다. 다시 말해서, "하나님을 아는 것은 자기를 아는 것이고, 또한 자기를 아는 것이 곧 하나님을 아는 것"이라는 말이다. 이 말을 풀어 해석하면, 예배를 통해서 하나님을 만날 때에 비로소 자기 모습을 바라보게 되고, 바로 그때, 하나님을 만나는 것임과 동시에 자기 자신을 발견하는 것이라는 뜻이다. 하나님은 그의 백성들이 예배를 드리는 일을 귀하고 거룩하게 여기도록 요구하신다.

미국의 어느 대통령이 취임한 후, 백악관 생활 첫 주에 일어난 일이었다. 각료 한 사람이 와서 말하기를, "대통령 각하! 이번 일요일 아침 10시에 각료회의가 계획되어 있습니다. 이것은 미국의 미래를 위한 아주 중요한 회의입니다." 그러나 대통령은 이미 중요한 선약이 있기 때문에, 그 회의에 참석할 수 없다고 잘라 말했다. 각료는 깜짝 놀라, "각하! 이것은 미국의 운명이 걸려 있는 중요한 회의입니다. 꼭 참석하셔야 합니다. 먼저 하신 그 약속을 취소하거나 시간을 변경하실 수 없으시겠습니까?" 그러자 대통령은 그 선약은 변경할 수 없는 것이라고 확고하게 말했다.

각료는 너무 이상해서 물었다. "대통령 각하! 약속하신 그 사람이 도대체 누구이기에 그렇게 중요한지 알고 싶습니다." 그때 대통령은 이렇게 말했다. "솔직히 대답하리다. 주일 아침 10시 30분은 내가 나의 사랑하는 주님을 성전에서 뵙는 시간입니다. 나는 언제나 그렇게 하기로 이미 오래전에 나의 주님과 약속했습니다." 그는 주님과의 약속한 주일을 거룩하게 지키는 것이 다른 어떤 것보다 우선했던 것이다.

우리는 예배를 어떻게 생각하고 있으며, 어떤 마음으로 드리고 있는가? 하나님께서는 오늘도 진정으로 예배하는 자를 찾으시고 기뻐하신다. "아버지께 참으로 예배하는 자들은 영과 진실로 예배할 때가 오나니 곧 이 때라. 아버지께서는 이렇게 자기에게 예배하는 자들을 찾으신다(요한복음 4:23-24)". 특히, 하나님께서는 하나님께 예배를 드리는 사람은 영과 진리로 예배를 드려야 한다고 말하고 있다. 여기서,

"영으로 예배를 드린다는 것"은 하나님 앞에서 영적으로 진정한 예배를 드린다는 것을 의미한다.

창세기를 보면, 하나님께서 인간을 창조하실 때, 육신을 창조하신 후에, 영을 불어 넣으셔서 생령, 곧 영적인 존재가 되게 하셨다(창세기 2:7). 그런데 아담과 하와가 하나님께 불순종으로 말미암아 진정한 예배를 드릴 수가 없게 되었다. 하지만, 예수 그리스도를 구주로 믿고, 그를 닮으려는 모든 사람은 새로운 영으로 거듭난 사람들로서 제2의 아담과 하와가 되어 구속의 은총을 찬양하며 참된 예배를 드린다.

그러므로 우리의 모든 예배는 하나님과의 만남에 초점이 맞춰져야 한다. 따라서 우리가 이 예배에서 예수 그리스도의 이름을 부르며 기도할 때에 그 자리에서 주님을 만나는 경험이 있어야 한다. 찬송을 부르고 찬양을 들을 때 그 가운데서 주님을 만나야 한다. 예수님의 말씀이 선포되는 바로 이 시간이 주님의 음성이 전해지고 듣게 되는 시간이 되어야 한다. 또 사랑과 감사의 마음으로 헌금을 드릴 때, 봉헌된 그 예물을 받으시는 그분을 만날 수 있어야 한다. 우리는 하나님의 임재를 느낄 수 있도록 그분께 집중하여 기도를 드려야 할 뿐만 아니라, 또한 그분의 음성에 귀 기울여 들을 수 있어야 한다.

A. W. 토저 Alden Wilson Tozer는 그의 책, 《예배인가, 쇼인가》에서 이런 말을 한다.

하나님께서는 사람을 부르셔서 먼저 예배자로 만드시고, 그 후에 일하는 자로 만드신다.

먼저 예배자가 되어야 그 다음에 봉사자가 되는 것이지, 예배자가 되지 못하고 봉사자가 될 수 없는 일이다. 물론 교회가 해야 할 일들이 수없이 많다. 선교, 봉사, 교육, 전도, 구제 등. 하지만 이 모든 것은 예배를 드리는 일보다 우선될 수 없다. 그러므로 우리는 무엇보다도 예배를 우리 삶의 첫째 자리에 놓아야 한다. 이 순서가 뒤바뀌거나 실패하면, 그때부터 신앙생활의 모든 것이 뒤죽박죽이 되고 만다.

그래서 그는 예배의 본질을 말하기를, "어떠한 형식과 외적인 도구에 의지하지 않고 하나님과 진정으로 연합하는 것"이라 했다. 하나님과의 연합은 그분을 '알고' 그분을 내 안에 '받아들이는' 과정을 통해 나타난다. 예배禮拜는 예를 갖춰 '절'한다는 의미다. 절을 하는 행위는 바닥에 엎드린다는 의미를 내포된다. 이는 하나님에 대한 존경심, 경외감 혹은 절대 순종이 없이는 불가능한 일이다.

그러므로, 우리가 예배를 드릴 때, 하나님과 만남이 이루어지는 것은 '집중'에 달려 있다. 영어로 '집중'이란 단어는 'Concentration'이다. 이는 'Con'과 'Center'라는 단어의 합성어이다. 즉, '함께, 중심으로 나아간다'라는 뜻이다. 함께 예배 한복판에 '영과 진리로' 임재하시는 하나님 앞으로 나아가, 그분의 임재를 경험하는 일, 그것이 바로 예배의 본질이요 목적이라는 말이다. 예배의 목적은 주님의 임재를 경험하는 일이며, 또 예배를 드린다는 것은 곧 예배에 집중한다는 의미이다. 하나님을 만나기 위해 주님과 함께 중심적으로 생활하겠다는 다짐이자 고백이다. 따라서 예배를 통해, 우리가 변화되고 성숙해지고 또한 거룩하게 되는 것을 경험할 수 있어야 한다. 이것이 바로 예배가 주는 축복이 아닐까?

사도 바울은 하나님께 대한 성도의 자세를 말하면서, 예수를 닮으려는 사람의 윤리적 기초는 우리의 삶 전체가 하나님께서 기뻐하시는 거룩한 산 제물 곧 합당한 예배(개역 성서에는 '영적 예배'로 번역)가 되게 하는 것이라고 했다. 모든 윤리적 행위의 기준은 이 세대가 자신의 육적 욕망에 따라, 마음대로 편의주의적 혹은 안일주의적으로 사는 것이 아니라, 하나님의 선하시고 기뻐하시고 온전하신 뜻이 무엇인지 분별해서 행하는 것이다.

> 내가 하나님의 모든 자비하심을 힘입어 여러분에게 권하노니, 여러분의 몸을 하나님이 기뻐하시는 거룩한 산 제물로 드리라 이는 여러분이 드릴 합당한 예배니라(로마서 12:1-2)

여기서 바울은 우리의 예배를 몸으로 드리라고 요구하고 있다. 이때, '몸'이라는 단어 '소마'는 단순한 육체만이 아니라, 영과 혼을 포함한 '전인'이라는 포괄적 의미를 갖는다. 하나의 인격으로서의 전인적인 삶. 곧, 삶 전체가 하나님께서 기뻐하시는 살아 있는 제물이 되어 주님의 영광을 위해 드려져야 한다는 의미다. 이것은 헬라인들의 이분법적 사고인, 영과 육의 분리로써 '소마'가 더럽고 무익하고 경멸해야 할 대상으로 해석되는 것이 아니다. 오히려 성령이 거하시는 하나님의 성전으로서 하나님의 값지고 귀한 것으로, 하나님께 영광을 돌리기 위해 드려져야 한다는 것이다. 이것이 바로 오늘 우리가 드릴 합당한 영적인 예배자의 모습이다.

 예수닮기_적용하기

1. 예배의 삶을 사는 데 방해되는 것이 있다면 무엇인가?
2. 온전히 하나님께 집중하며 느꼈던 감동이 있다면 무엇인가?

#9

은혜의 삶

우리가 살다 보면, 누구나 많은 아픔과 고통과 실패를 경험할 때가 있다. 그것 때문에 원망하면서 살 때가 많다. 그러한 상황은 마침내 우리를 스트레스와 질병에 시달리게 만든다. 그런데 다른 한편 생각해보면, 이러한 삶의 과정을 거치면서 바로 그 실패와 시련과 아픔 때문에, 우리는 그것을 극복하고 넘어서는 성숙의 기적을 체험하게 된다. 이런 의미에서, 우리는 직면한 모든 문제들을 너무 조급하게, 단순하게 처리하고 해결하기보다는, 차라리 하나님의 넓은 안목관점, 즉 영적인 눈으로 바라보고 해석할 필요가 있다. 그래서 고난 때문에 더욱 유연해지고, 고난 때문에 더욱 강해지고, 고통 때문에 더욱 지혜로워지고, 그것 때문에 더욱 하나님과 가까워질 수 있어야 한다.

신약성경에는 38년 동안 병으로 고통받던 사람이 등장한다(요한복음 5장 참고). 성경에서는 그의 인적 사항에 대한 정확한 정보를 제공하지 않는다. 그의 이름이 무엇이고, 그의 정확한 나이가 얼마인지, 그의 가정 형편은 어떠한지, 그가 이런 생활을 하게 된 것은 언제부터인지 등. 다만 우리가 아는 것은 그의 병이 중증이었다는 것과, 회생 가능성이 거의 없는 상태라는 것뿐이다. 누구보다도 그는 도움이 절실하게 요구되는 사람이었다. 38년 동안 병과 싸우고 있었으니, 몰골은 말이 아니었을 것이고, 정신적으로도 상당히 피폐해졌을 것이 분명하다.

그의 기거 자리는 베데스다 연못가였다. 그 연못 주변에는 그 병자뿐만이 아니라, 다른 많은 병자들, 맹인, 다리 저는 사람, 혈기 마른 사람들도 누워 있었다. 그들에게는 미신과 같은 그들 나름대로의 전설이 있었다. 천사가 가끔 못에 내려와 그 물을 움직이게 한다는 것과, 그 후에 맨 먼저 물에 들어가는 사람은 무슨 병에 걸렸든지 다 낫게 된다는 것이었다. 그러나 그들의 이 믿음은 전혀 성경적인 근거를 가지고 있지는 않았다. 그것은 단순한 민간신앙이었을 뿐, 지푸라기라도 잡고 싶은 심리적인 요소가 더 강하게 작용했을지 모른다. 그들에게 필요한 것은 낫고자 하는 바람뿐이었다. 희망이 필요한 그들에게 희망을 주는 사람이 없었고, 삶의 길을 묻는 그들에게 길을 가르쳐 주는 사람이 없었다. 그들은 바로 곁에 서 계신 예수 그리스도가 "길이요 진리요 생명"이라는 사실을 알지 못했다. 모든 것이 그러하듯이, 언제든지 문제 자체가 사람을 절망으로 밀어넣지는 않는다. 우리를 견디기 힘들게 만드는 것은 문제에 해답이 보이지 않고 막막할 때이다. 해답이 보이지 않으니 문제가 된다.

모든 사람에게 있어서, 예수님의 소식은 빅뉴스이자, 굿 뉴스다. 절망하는 인생 속에 그분이 들어오시면 희망이 넘치게 되고, 고뇌와 번민에 시달리는 인생 속에 그분이 들어오시면 평안이 넘치게 된다. 슬프고 우울한 삶을 사는 인생 속에 그분이 들어오시면 기쁨이 넘치게 되고, 미움과 증오가 가득한 마음에 그분이 들어오시면 사랑이 넘치게 된다. 원망과 불평이 가득한 삶에 그분이 들어오시면 감사가 넘치게 된다. 절망에 빠진 모든 사람들에게는 예수 그리스도만이 유일한 희망이다.

이렇듯, 예수님께서 어느 누구의 인생에 들어가시든지 간에, 거기엔 놀라운 변화가 나타나며, 그 순간부터 더 이상 절망이 아닌, 희망의 삶이 넘친다. 혹시 지금 이 시간에 사면초가의 어려움을 만나서 이제는 모든 것이 끝났다고 생각하는 분들이 계신가? 지금 이 순간도 가까이 다가오시며 손 내미시는 예수님을 만지고 바라보기를 바란다. 그분을 바라보고 모셔 들이는 순간부터 모든 상황이 완전히 바뀌게 되는 역사가 있게 될 것이다.

따라서 모든 크리스천은 인생을 유람하는 자세로 살아서는 안 된다. 더 이상 우리는 이 세상에 관광객, 혹은 구경꾼으로 존재하는 것이 아니다. 크리스천은 목적 의식을 가지고 살아야 한다. 우리가 분명한 목적 의식을 가지고 살 때, 고난과 시련에 적극적으로 대처할 수 있다. 왜냐하면 해야 할 일이 있는 사람은 어려움을 만날지라도 쉽게 좌절하거나 포기하지 않기 때문이다. 해야 할 일이 있다고 믿는 사람만이 답을 찾을 수 있다.

사도 바울은 숱한 고난과 시련을 겪었지만 항상 기쁨을 잃지 않고, 감사하는 삶을 살았다. 그 비결이 무엇이었는가? 바로 그리스도 안에서 참 자유를 얻었기 때문이다. 예수께서 주시는 자유만이 참된 행복과 영원한 미래를 보장한다. 누구든지 이 자유의 은혜를 얻지 못하면 여전히 죄 가운데서 멸망할 수밖에 없다. 하지만 믿음이 있는 사람, 예수님에 대한 믿음을 고백하는 사람, 예수를 닮으려고 애쓰는 사람만이 그분이 주시는 참 자유를 얻을 수 있다. 이것은 많은 돈을 들여서 살 수 있는 것이 아니고, 권력, 지식, 명예 등, 어떤 것을 주고서도 바꿀 수 없다. 단지 귀한 은혜의 보배다. 우리는 이 보배들을 이미 간직하고 있다.

38년 동안 병고에 시달리던 사람이 예수님을 만난 것은 그의 인생에서 최고의 행운이었다. 만약에 이 사건이 없었다면, 그는 병상에서 일어나 보지도 못하고 세상을 떠나게 되었을 것이다. 그러나 그는 예수님을 만남으로써, 새로운 인생의 기회를 얻었다. 우리가 예수 그리스도를 만나 크리스천이 된 것 또한 우리 인생에서 다른 무엇과 비교할 수 없는 행운이요 축복이다. 우리는 이 한 가지 사실만 가지고도 하나님께 감사해야 한다. 하나님의 선택에 의해 우리는 예수님을 만나 참 자유를 얻게 되었고, 참 평안을 얻게 되었다. 이것이 우리의 행복이다.

38년 된 병자가 무엇으로 기적을 경험했는가? 그가 은혜를 사모했고 주님을 사모했기 때문이다. 벌은 꿀이 있는 곳을 찾아 꽃을 만난다. 배고픈 사람은 먹을 곳을 찾는다. 지식이 필요한 사람은 학교를 찾아간다. 마찬가지로, 은혜를 사모하는 사람은 예수님을 닮기 원하는 사람이다. 그래서 그들은 교회를 찾는다. 교회는 세속적 권세를 많이 가진 사람들이 모이는 곳이 아니라, 하나님의 이름을 찬양하는 사람들이 모이는 곳이다.

교회는 그러한 감동과 느낌으로 모여서, 기뻐하고 즐거워하는 삶을 경험하는 곳이다. 주님과 가까워지니 더욱 기뻐지고, 가까워짐으로 더욱 생명의 신비와 기적을 체험하는 곳이다. 즉, '베데스다' 연못과 같은 곳이다. 히브리어로, '베데스타'는 은혜의 집, 자비의 집이라는 뜻을 가지고 있다. 거기에 모인 사람들은 세상에서 소외되고 아픔과 고통을 겪고 사는 사람들이지만, "은혜를 사모하는 사람들", "은혜를 기다리는 사람들"이었다. 이 연못에는 그러한 사람들이 모이고 또 모였다.

교회는 이기적이고 편협한 사고 판단에 젖어 있는 자기 중심적 사람들이 아니라, 하나님의 뜻에 순종하는 믿음의 체험자들이 모여드는 곳이다. 그래서 교회는 마음의 상처가 치유되고, 몸의 질병이 깨끗하게 고침받고, 영육이 더욱 강건해지는 기적의 역사가 일어난다. 지금도 죄와 상처, 아픔, 고통 속에서, 어찌할 바를 몰라 방황하고 고민하는 모든 분들이 교회에 들어와서 기쁨을 찾아야 한다. 주님의 은혜는 값없이 주는 것이지만, 결코 값싼 것은 아니다. 또한 무조건적으로 베풀어주는 것이지만 그렇다고 아무에게나 주는 것도 결코 아니다. 은혜를 사모하는 사람들에게 베푸시는 것이다. 이것이 바로 은혜의 신비다.

〈울지 마 톤즈〉라는 영화에서 이태석 신부의 죽음을 두고, 마지막에 외국 선교사의 독백이 나온다. 왜 하나님은 그렇게 능력 있고 할 일 많고 재능 많은 이 신부를 먼저 데려가셨을까? 그것은 "하나님의 신비" 혹은 "죽음의 신비"라고 말했다. 하나님의 기적과 축복은 그러한 믿음을 발견하고, 그것을 위해 사모하는 모든 사람들에게 임하는 것이다. 여기에 교회의 사명과 희망이 있다. 우리가 섬기는 교회, 또 예수님을 닮으려고 모인 우리가 은혜의 신비를 경험해서, 희망과, 비전과, 사명이 깃드는 삶으로 이어져야 할 것이다.

 예수닮기_적용하기

1. 은혜를 사모하는 삶을 사는 것은 어떤 삶인가?
2. 나는 지금 무엇을 사모하고 있으며, 주님의 은혜를 사모하는 중에 받은 놀라운 은혜가 있다면 무엇인가?

#10

성령의 삶

우리가 성령으로 산다는 것은 무슨 의미이며, 또 어떻게 사는 것이 성령으로 사는 삶일까? 예수님의 제자로서 우리가 예수를 닮으며 산다는 것은 성령으로 사는 삶을 말한다. 오순절 성령이 강림했을 때, 마가의 다락방에 있던 제자들과 함께 120명의 성도들이 모여 열심히 기도했다. 그랬더니 바람과 같이, 불과 같이, 저들에게 성령이 임했다. 갑자기 가슴이 뜨거워지고, 몸이 진동하고, 자신들이 알지도 못하는 언어들이 입에서 튀어나오며, 마음에 기쁨이 가득했다. 그리고 지금까지 희미했던 믿음이 분명해지면서 믿음의 확신이 생겼다. 바로 '성령 체험' 때문이다.

그들의 성령 체험은 하나님의 영이 그들 속에 들어가셨기 때문이다. 그들의 믿음은 어느 누구의 믿음이 아니라 바로 나의 믿음, 나의 확신, 나의 경험에서 비롯된 것이고, 여기서부터 교회는 시작되었다. 따라서 교회의 역사는 한마디로, 믿음의 역사요, 믿음의 역사는 또한 성령의 역사다. 우리가 믿음의 사람이 된다는 것은 성령의 사람이 되는 것을 의미한다. 그러면 우리가 어떻게 해야 성령으로 사는 삶을 살 수 있을까?

> 너희는 성령을 따라 행하라 그리하면 육체의 욕심을 이루지 아니하리라(갈라디아서 5:16)

에릭 아론슨Eric Aronson이 쓴, 《DASH: Determination, Attitude, Success, Happiness(인생을 통쾌하게 뒤집는 28가지 성공법칙)》라는 책이 있다. 이 책에서 인생에는 GIGO의 원리와 TITO의 원리가 있다고 말한다. GIGO의 원리란 garbage in, garbage out이라는 말이다. 쓰레기가 안에 들어가면 쓰레기가 나온다는 뜻이다. 반면에, TITO의 원리는 treasure in, treasure out이라는 뜻으로, 믿음의 마음을 심으면 능력이 나오고, 감사의 마음을 심으면 기쁨이 나온다는 뜻이다. 저자는 이러한 원리들이 특히 갈라디아서 6장에 있다고 말한다.

> 자기의 육체를 위하여 심는 자는 육체로부터 썩어진 것을 거두고, 성령을 위하여 심는 자는 성령으로부터 영생을 거두리라. 우리가 선을 행하되 낙심하지 말지니 피곤하지 아니하면 때가 이르매 거두리라
> (갈라디아서 6:8-9)

육체의 욕심을 위하여 심지 않고, 육체의 소욕을 따르지 않고, 성령

을 위하여 심는 것이 바로 '성령으로 사는 삶'이다. 성령을 좇아 행할 때, 생명을 거두고 은혜를 거두고, 기쁨을 거둔다. 이런 의미에서, 성령은 우리 인생길을 인도하는 이정표와 같고, 또한 우리가 나아갈 바를 결정짓는 방향타와도 같다. 그러므로 우리가 바라보아야 할 분은 '오직 성령' 한 분밖에 없다. 성령을 제대로 바라보아야만 우리가 어디로 나가야 하는지를 알 수 있다.

우리가 이렇게 성령을 갈망하는 것은 '하나님 중심의 삶'을 추구한다는 뜻이다. 우리가 예수를 닮으려면 그렇게 살아야 한다. 반면에, 육체의 욕심을 갖는다는 것은 우리로 하여금 '세상 중심의 이기적인 삶'을 추구하는 것이다. 이들은 마치 한 수레를 반대 방향으로 서로 끌어당기는 두 마리의 소와 같다. 왜냐하면 성령의 갈망과 육체의 소욕은 한 마음에서 일어나서 서로 다른 방향을 향해 내달리려는 마음이기 때문이다. 그래서 우리는 성령의 인도하심을 따르는 삶을 살려고 무던히도 애쓰지만 마음 저 깊숙한 곳에서는 아직도 마성적인 힘에 의해 사로잡히곤 한다.

오호라 나는 곤고한 사람이로다. 이 사망의 몸에서 누가 나를 건져내랴 우리 주 예수 그리스도로 말미암음이라(로마서 7:24)

구약성경 민수기를 보면, 하나님의 영이 우리 안에 임하면 모두가 하나님의 목적에 합당하게 쓰임받는 삶을 살 수 있다고 했다. 하나님은 70명의 장로들을 불러서 모세가 받았던 하나님의 영을 주었다. 그런데 하나님은 같이 참석하지 않고 있었던 두 사람, '엘닷과 메닷'에게도 하나님의 영을 주어 예언하도록 했다. 여호수아는 그들이 모세의 중재 없이 예언하는 것은 모세의 권위를 떨어뜨리는 것으로 생각해, "내 주 모세여 그들을 말리소서"라고 청원을 한다. 하지만 모세는 여호수아에게 하나님께서 모든 사람이 예언의 영을 받아 하나님의 목적에 합당하게 쓰임받기를 원하신다고 가르친다. 육체에 속한 것이 아니라 영에 속한 것이면, 하나님은 그 영으로 말미암아 그 뜻을 이루어 가신다는 것이다(민수기 11:24-30 참고).

김하중 장로가 쓴, 《하나님의 대사》라는 책 마지막 부분을 보면, 그의 에필로그(성령을 따라 사는 삶)에, 어떻게 우리가 성령의 사람으로 살아가야 할지를 설명한다. 첫째, 회개와 정직한 마음을 갖는 것이다. 기도하는 자의 마음은 늘 깨끗해야 한다고 말한다. 마음이 깨끗하다는 것은 죄를 멀리해야 한다는 것이다. 우리가 죄를 짓지 않고 살 수는 없지만, 최대한 죄를 짓지 않으려고 노력을 해야 한다. 그렇지 않으면 우리를 유혹하는 사탄의 속임수에 빠질 수밖에 없기 때문이다.

둘째, 하나님의 뜻에 합당한 기도를 하는 것이다. 나의 이익이 아닌 하나님의 뜻을 기도하면 하나님께서 그 기도를 반드시 들으신다. 그러나 자신의 이익, 육신의 정욕, 개인의 목표 달성을 위한 기도는 결코 응답이 쉽지 않다는 것이다.

셋째, 하나님을 인격적으로 만나야 한다는 것이다. 기도로 하나님을 이용해서는 안 되고, 인격이신 하나님과 늘 만나서 대화해야 하는 것이다. 그래야 하나님의 응답을 들을 수 있다. 하나님이 늘 내 안에 계시다면, 굳이 그분을 급할 때만 찾지 않아도 되지 않겠는가?

결혼하고 싶어 하는 노처녀가 하나님께 기도를 드렸다. "하나님 제 나이가 벌써 마흔이 가까워지는데, 금년에는 꼭 시집가게 해주세요." 그런데 아무런 응답이 없었다. 그때 옆에 있던 친구가 조언하기를, "자신을 위한 기도는 응답이 잘 안 되고 다른 사람을 위한 중보 기도가 더 응답이 잘된다"고 말했다. 그러자 이 노처녀는 친구의 조언을 듣고 이렇게 기도했다. "하나님, 우리 엄마가 딸을 시집 보내야 한다고 합니다. 그 엄마의 기도를 들어주셔서 금년에는 제발 그 딸이 시집을 가도록 사윗감을 보내주시기를 원합니다. 아멘" 그 기도가 응답 되었을까?

성령의 말씀을 듣는 것은 은사도 아니고 능력도 아니다. 성령이 우리 안에, 우리가 성령 안에 있으면, 하나님의 말씀이 그냥 들리는 것이다. 흔히 많은 사람들이 능력을 받아 예언하고 싶어 하지만, 진실로 하나님과의 인격적인 대화소통를 하는 것 자체가 큰 능력이다. 그런 점에서, 성령으로 사는 삶은 세상 속에서 늘 겪어야만 하는 영적 전쟁에서 승리와 영광이다. 그럼에도 불구하고, 우리의 세상에서의 삶은 "헛된 영광을 구하여 서로 노엽게 하거나 서로 투기하는(갈라디아 5 : 26)" 삶이다. 성령으로 사는 삶은 그리스도 안에 있는 '영원한 영광'을 말한다. 하나님의 뜻을 따라 헌신과 희생을 통해 그리스도의 영광에 동참하는 것이다.

그러므로 예수를 닮기 원하는 사람들은 세상의 썩어질 헛된 영광이 아니라 영원한 안식과 기쁨을 가져다주는 그리스도의 영광을 구하여야 한다. 이미 우리는 죄된 육체와 함께 욕심을 십자가에 못 박은 사람들이다. 육체의 소욕은 더 이상 우리의 인도자가 될 수 없다. 하나님의 음성에 귀 기울이고 그 길을 순종함으로 따라가는 삶을 사는 것. 바로 그것이 성령으로 사는 삶이다.

예수닮기_적용하기

1. 나는 무엇에 관심을 갖고 그것을 심고자 하나?
2. 성령님과 동행하는 삶을 살기 위해 오늘 내가 심어야 할 것은 무엇인가?

02 사랑의 영성

#1

첫사랑의 삶

《우리는 사소한 일에 목숨을 건다》는 책을 써서 세계적인 베스트셀러 작가가 된 리차드 칼슨(Richrd Carlson)이 이번에는 《사랑은 사소한 일에도 상처를 입는다》라는 책을 썼다. 이 책에서 사랑이라는 것은 인간관계라고 한다. 좁혀 말하면, 두 사람(남녀간)의 관계다. 그런데 이 사랑 속에서 참 오묘한 것이 큰일에 대해서는 문제가 생기질 않는다는 사실이다. 예를 들어, 부부에게 아이가 위독해서 병원에 가야 한다면, 이때 남편이나 아내는 하나가 된다. 그 아이를 위해 기도하고 그의 치료를 위해 애쓰는 그 시간에는 사랑이 결코 요동치 않는다는 것이다.

그러나 아주 사소한 일, 예컨대 TV 채널을 선택하는 일, 남편은 이걸 보겠다 하고, 아내는 저걸 보겠다 하는 것 가지고는 티격태격한다. 거기까지도 괜찮은데, '보는 수준이 그 정도밖에 안 되니, 유치하게 늘 그런 거만 보냐' 하면, 그때는 난리가 난다. '그래, 수준 높은 사람 좋은 대로 해봐' 하고 싸움은 커진다. 이렇게 되면, 아주 사소한 것으로부터 시작해서 나중에는 사랑에 금이 간다. 이런 경험을 하신 적이 있는가?

뿐만 아니다. 남편이 옛날 좋을 때를 생각하면서 꽃이라도 몇 송이 사 가지고 집에 들어가면, 부인이 "어머, 웬일이에요? 고마워요" 하고 받아주면 좋은 텐데, "갑자기 웬 꽃이야. 당신 뭐 잘못한 거 있지" 하거나, "쓸데없이 돈 없애고 왜 그래. 현금으로 갖다주지?" 이렇게 되면 어떻게 되겠나? 무심결에 습관적으로 나온 말 한마디가 결국 심각한 문제가 되고 만다. 그래서 칼슨 박사는, 사소한 일에 부딪치지 않기 위해 100가지 처방을 내놓는다. 그중에 99번째가 "처음처럼 행동하라" 곧, 첫 사랑을 간직하고 회복하라는 것이다.

믿음에 관해서도 마찬가지다. 요한계시록에는 처음 사랑을 잃어버린 에베소 교회에 대해 말한다. 이 교회는 소아시아 일곱 교회 가운데, 가장 크고 대표적인 교회다. 이 교회는 믿음의 수고와 인내를 가졌던 교회였고, 또 복음 전파에 게으르지 아니하고, 열심을 다해 복음을 전해서 크게 부흥한 교회였다. 뿐만 아니라, 이단이나 잘못된 교리로 문제를 일으키는 사람들을 단호하게 처리할 정도로 진리 위에 서 있던 칭찬받는 교회였다. 그런데 이러한 에베소 교회에도 문제가 있었다. "너를 책망할 것이 있나니 너의 처음 사랑을 버렸느니라(요한계시록 2:4)." 여기 '처음 사랑'이란 처음 주님을 믿을 때 느꼈던 구원에 대한 기쁨과 감격과 감사를 의미한다.

주님과의 첫사랑에 있어서, 처음 주님을 믿을 때, 주님만 믿고 주님만 의지하며 살겠다고 다짐했건만 시간이 흐르면서 그 마음이 조금씩 사라진다면, 그것은 첫사랑을 잃어버린 것이다. 일반적으로, '첫사랑의 상실'을 가져오는 사람은 타성에 젖은 사람이다. 신앙적 타성에 젖은 사람도 마찬가지다. 예배를 드리는 것도, 봉사를 하는 것도, 오래전부터 늘 그렇게 해온 것이기 때문에, 전혀 새로운 결단이나 감격은 없다. 그러다 보면, 그 오랜 익숙함이 모든 것의 판단의 근거가 되어 버리고 만다. 그래서 나도 모르는 사이에 자기 기준에 맞지 않으면 불평과 원망과 비난이 입에서 나온다. 타성이 발전적 미래에 대한 저해 요소가 되어 버린다.

만일 우리에게 주님을 향한 첫사랑의 상실이 있다면, 어떻게 그것을 회복할 수 있을까? 주님은 그 방법을 알려주고 있다.

> 그러므로 어디서 떨어진 것을 생각하고 회개하여 처음 행위를 가지라. 만일 그리하지 아니하고 회개치 아니하면, 내가 네게 임하여 네 촛대를 그 자리에서 옮기리라(요한계시록 2:5)

이 말씀에는 세 개의 중요한 R 동사가 나오는데, 주님께서는 첫째로, '생각하라^{Remember}'고 말씀한다. 무엇을 생각하라는 것인가? 왜? 언제? 어디서? 믿음이 상실되었는지를 생각해보라는 것이다. 왜 사랑이 식게 되었는지 그 이유를 생각해보라는 것이다.

그다음으로 '회개하라^{Repent}'고 말씀한다. 회개란 빗나간 자리에서 돌이키는 것을 말한다. 하나님이 기뻐하지 않는 일을 했다면, 하나님께서 기뻐하시는 복된 자리로 나오는 것을 의미한다. 탕자가 아버지의 품과 집으로 돌아왔듯이, 내가 서 있어야 할 그 자리로 돌아가는 것이다. 믿음의 성도라면, 기도의 자리로 돌아가는 것이고, 말씀을 붙잡고 살던 그 자리로 돌아가는 것이고, 봉사와 경건의 자리로 돌아가는 것이다.

그리고 마지막으로, '처음 행위를 회복하라^{Restore}'고 말씀한다. 주님께로 돌아왔으면 계속해서 주님께서 원하시는 삶을 살아야 한다는 것이다. 그러니까 주님께 대한 첫 사랑을 회복하려면 "회상과 회개와 회복" 이 3R(Remember, Repent, Restore)을 잘 간직해야 한다는 것이다. 만약 그렇게 하지 않을 때, 주님께서 어떻게 하시겠다고 하는가? '촛대'를 옮겨놓겠다고 말씀한다. 여기서 촛대는 교회를 의미한다.

교회가 첫사랑을 회복하지 않으면, 하나님은 그 교회가 감당할 사명을 다른 곳으로 옮겨놓는다. 교회가 사명을 잘 감당하지 못하면, 교회에게 주실 하나님의 축복을 다른 곳으로 옮겨놓겠다는 것이다. 우리 각자에게 주어진 사명을 우리가 감당하지 못하면, 우리에게 주실 하나님의 은혜를 다른 사람에게 옮겨놓겠다는 것이다. 이 얼마나 무서운 경고의 말씀인가? 그러므로 주님의 촛대가 우리에게서 떠나지 않도록, 우리 가정으로부터 옮겨지지 않도록, 우리 교회에게서 떠나지 않도록, 주님에 대한 첫사랑을 회복해야 한다. 주님께 대한 우리의 첫사랑이 회복되면, 주님은 우리를 통해서 그의 놀라운 계획을 이루신다. 그리고 지속적으로 '영적 풍요 속에서' 우리의 삶을 살게 하신다. 그러므로 타성에 젖은 삶이 아닌, 매일매일의 삶에 구원의 기쁨과 감격과 축복이 넘치는 삶을 살아야 할 것이다.

건강한 교회는 첫사랑의 감격이 살아 있는 교회다. 주 예수 그리스도를 생각하면 아직도 사랑으로 가슴이 뛰는 성도들, 주님의 이름을 부르기만 해도, 그 이름의 소망 때문에 행복에 겨워 눈물을 흘리는 성도들. 바로 그들이 우리 자신이 되어야 한다. 한때, 일본의 아줌마들이 배용준, 욘사마를 위해서 비행기를 전세 내다시피 하면서 한국을 찾았다. 얼마나 열정적으로 사모하면 그러하겠나? 우리도 우리를 위해 자신을 모두 내어주신 주님을 뜨겁게 사모하는 마음으로 함께 할 수만 있다면 얼마나 좋겠나? 첫사랑의 감격을 회복할 때이다. 찬양도 뜨거워지고, 기도도 뜨거워지며, 심지어 헌금도 기쁨과 감사함으로 봉헌하는 축제의 예배가 있어야 한다.

예수님을 닮기 위해서 주님의 교회를 찾은 사람들은 이러한 삶의 기쁨과 감사를 늘 경험하면서 살아야 할 것이다. 바울은 마지막으로 이렇게 권면한다.

> 너희가 어떻게 행할지를 자세히 주의하여 지혜 없는 자 같이 하지 말고, 오직 지혜 있는 자 같이 하여 세월을 아끼라. 또 그러므로 어리석은 자가 되지 말고 오직 주의 뜻이 무엇인지를 이해하라. …범사에 예수 그리스도의 이름으로 항상 아버지 하나님께 감사하며 그리스도를 경외함으로 피차 복종하라(에베소서 5:15-17, 19)

예수닮기_적용하기

1. 주님과의 첫사랑을 유지하기 위해 노력하는 나만의 비결은 무엇인가?
2. 3R 중 내가 가장 시급히 회복해야 할 R은 무엇인가?

#2

거룩한 터치의 삶

시사 주간지 《타임》은 '세계에서 가장 영향력 있는 인물 100인'을 매년 선정해서 발표한다. 그중에 한국인이 두 사람 포함되어 있었다. 한 사람은 피겨 스케이트 선수인 김연아이고, 다른 한 사람은 장석호란 청년 요리사다. 김연아가 100명 중에 한 사람으로 뽑힌 것은 이해가 된다. 하지만 장석호란 청년이 어떻게 빌 클린턴, 스티브 잡스 등과 같은 세계적인 인물들과 나란히 뽑히게 되었을까 하는 의구심이 생긴다. 그는 미국 뉴욕에서 요리사로 일하고 있는 젊은이다.

장석호는 한국에서 2년제 대학을 나와 반년 동안 요리 학원을 다닌 후 뉴욕에 가서 라면 식당을 개업했다. 그러나 손님이 너무 없어 파리만 날리게 되자, 자신이 하고 싶은 요리나 실컷 해보자는 마음으로 창의력과 상상력을 발휘해서 자신만의 요리를 만들었다. 그는 한식, 일식, 중식 요리를 혼합시킨 데다, 프랑스식 조리법을 가미해 새로운 메뉴를 만들기도 했다. 그런데 이 새로운 요리들이 대박을 터트린 것이다.

이 청년이 세계적인 명사의 자리에까지 오를 수 있게 된 것은 그가 자기만의 영역을 터치하고, 그 안에서 능력을 인정받았기 때문이다. 하나님께서는 최고의 사람을 통해서도 영광을 받으시지만, 최선을 다하는 사람을 통해서도 영광을 받으신다. 비록 나의 삶의 자리가 최고의 자리는 아닐지라도, 그 자리에서 최선을 다할 때, 자기만의 영역을 터치하게 될 것이다. 요즘 우리 젊은이들이 안정된 직업이라 해서, 고시 공부, 공무원 시험, 대기업 취업에 매달리고 있는 현실 속에서, 장석호 군의 경우는 우리 젊은이들에게 큰 도전이 될 것이다.

그런데 성경에 보면, 이러한 자기만의 영역 터치가 아닌, 예수님의 '거룩한 터치'에 관한 이야기가 있다. 예수님을 닮기 원하는 사람들이 닮아야 할 삶의 영역이다. 예수님은 당시에 사회적으로 금기시하던 일임에도 불구하고, 손으로 터치하시면서 그의 능력을 보이셨다. 왜 그랬을까? 그것이 치유 사역의 거룩한 방편이었기 때문이다. 예수님은 그의 거룩한 터치를 행할 때마다, 놀라운 기적을 경험했다.

예수님께서 베드로의 장모가 열병으로 앓아누운 것을 보고 치유하실 때의 말씀이 있다. "그의 손을 만지시니(터치하시니) 열병이 떠나가고 여인이 일어나서 예수께 수종들더라(마태복음 8:15)"고 했다. 터치를 통한 치유를 선포한 것이다. 터치가 인격과 인격이 연결되는 고리를 만든 것이다. 공관복음서(마태, 마가, 누가)의 다른 본문에서는, 열두 해를 혈루증으로 고생하던 여인이 예수님께 다가와 예수님의 옷깃을 만지는 장면이 나온다. 성경은 그 여인이 터치한 순간, 예수님의 능력이 여인에게로 흘러나가 여인을 치유했다고 말한다. 이 여인의 터치가 여인과 예수님을 인격적으로 만나게 했다는 말이다. 이 이야기는 오늘날 육체적으로나 정신적으로 연약함 가운데 있는 우리들에게, 지금 필요한 것은 바로 주님의 터치임을 전하는 영적 메시지이다.

이 밖에도, 성경에서 감동적으로 예수님의 터치를 경험한 사람들이 또 있다. 맹인들이었다. 예수님께서 그들의 눈을 만지며 말씀하시니 그들의 눈이 밝아졌다고 한다. 그런데 이때 예수님이 눈을 만지면서 "눈을 뜨라"고 말씀하시지 않았다. 오히려, "너희 믿음대로 되라(마태복음 9:29)"고 말씀하셨다. 말씀만으로도 능히 고칠 수 있음에도, 직접 그 부위를 만지시면서 자신의 사랑을 표현하셨고, 반대로 만지기만 하셔도 고칠 수 있었는데, 말씀을 통해 믿음의 중요성을 강조하셨다. 이것은 기적은 믿음과 매우 밀접한 관계가 있음을 선포하신 것이다. 하나님을 향한 믿음은 기적을 일으키는 근본적인 동인이 된다. 그러므로 우리가 주의 은혜의 응답으로 예수 닮는 삶을 살아가려면, 오직 믿음과 확신으로 그 앞에 나가야 한다. 그곳에서 예수님이 우리의 소망이요, 생명이요, 진리임을 선포해야 한다.

여기서 하나님의 능력은 믿는 만큼만 나타난다는 원리가 있다. 믿음과 하나님의 능력은 정비례하기 때문에, 우리가 절반만 믿으면 절반의 능력만 나타나고, 온전히 믿으면 온전한 능력이 나타난다. 성 어거스틴은 "믿지 않는 자에게는 하나님도 어쩔 수 없다"는 말을 했다. 하나님께서 우리를 위해 아무리 크신 능력을 준비하셔도 우리가 믿지 않으면 아무 소용이 없다. 우리가 하나님의 능력을 많이 체험하려면 그만큼 큰 믿음을 준비해야 하는 것이다. 믿음대로 되는 것 그것이 바로 신앙의 원리다.

구약성경에도 "하나님은 우리에게 은혜 베푸시길 원하시고 복 주시길 원하신다(민수기 6:24)"는 말씀이 있다. 문제는 우리가 믿느냐, 안 믿느냐에 달려 있다. 빌 게이츠나 워렌 버핏 같은 사업가들도 일면식도 없는 가난하고 약한 자들을 돕는 일에 수십조 원을 조건 없이 베푼다. 하물며, 참되고 선하신 하나님은 그의 백성들에게 좋은 것을 주시지 않겠는가? 우리가 치료하시는 하나님을 믿으면, 그분은 우리를 치료하실 것이다. 우리가 기적을 보이시는 하나님을 믿으면, 바로 우리에게 놀라운 기적이 나타날 것이다. 기적은 믿는 자만이 간직할 수 있는 몫으로, 준비하고 기다리는 자에게 나타난다.

예배를 위해 교회에 나오는 우리를 향해, 하나님께서는 무엇을 물으실까? 우리의 '믿음'이다. 우리가 믿음을 가지고 예배의 자리에 나왔는지, 혹은 우리가 믿음을 가지고 이 세상을 살아가고 있는지를 하나님은 확인하고 싶어 하신다. 그러기에, 만일 우리가 믿음 없이 예배를 드린다면, 그 예배는 우리가 여가를 즐기는 취미 생활이나 아니면, 관습적인 종교 활동에 불과한 것이다. 따라서 믿음으로 드리는 예배만이 교회의 본질을 회복하는 길이고, 그 믿음을 통해 예수님의 거룩한 영적 터치가 이루어지는 것이다.

교회가 무엇 하는 곳인가? 한마디로, 예수 안에서 우리의 영혼을 거룩하게 터치하는 곳이다. '말씀과 기도 그리고 복음 전도'라는 기독교 신앙의 기초 원리를 통해, 우리의 삶의 고통과 기쁨을 함께 나누며 서로의 영혼들을 터치하는 곳이다. 거룩한 터치가 이루어지는 곳이다. 따라서 그 밖의 모든 일들은 교회 안에서 부수적인 일들이다. 이런 점에서, 우리는 다시 한 번 신앙 공동체로서의 교회의 기초^{basic}가 '말씀 묵상, 기도 훈련, 그리고 복음 전도'라는 신앙의 ABC를 인식해야 한다. 그 위에 우리의 영혼을 정화하는 거룩한 터치가 이루어지는 것임을 마음에 새겨야 한다. 우리가 기대할 수 있는 최대의 사건은 우리의 영의 눈이 열려 예수님을 영적으로 만나는 일이다.

예수님의 거룩한 터치로 눈을 뜨게 된 두 맹인은 "삼가 아무에게도 알리지 말라"는 당부에도 불구하고, 은혜를 베풀어주신 주님께 감사하는 마음과 감격으로 예수의 소문을 온 땅에 두루 다니며 퍼트렸다. 그들은 누가 시키지 않았는데도, 온 동네를 다니며 예수님을 전할 정도로 아무도 못 말리는 사람들이 되었다. 예수님을 닮고 그분을 증거한 것이다. 왜냐하면 그들에게 믿음이 생겼기 때문이다. 그때의 그 믿음은 매우 단순화된 믿음이다. 어떤 과학적이고 합리적인 논리를 추구하거나, 계산적인 생각이나 이성적인 판단에 의해 만들어진 것이 아닌, 예수님의 거룩한 영, 곧 성령이 그들 안에서 역사하는 초월적인 능력에 의한 것이다.

어느 글에서 '고양이와 강아지의 차이점'에 대해서 읽었다. 많은 차이가 있지만, 그중에 빼놓을 수 없는 차이점은 기억력의 차이라고 한다. 고양이는 열 번 잘해주다가 한 번 잘못해주면 그 잘못해준 한 가지를 오랫동안 기억한단다. 그러나 강아지는 반대로 열 번 잘못해주어도 한 번만 잘해주면 그 잘해준 것을 끝까지 기억한단다. 그러니까 강아지는 좋은 것만을 기억하고 고양이는 나쁜 것만을 기억한다는 말이다.

하나님을 믿는 우리들은 성령이 우리 안에 임재하는, 곧 영적 감동을 체험적으로 간직하고 사는 사람들이다. 그러기에 우리는 나쁜 것을 생각하며 불평하기보다는, 좋은 것을 생각하며 범사에 감사하는 삶을 살아야 한다. 우리의 예수 닮는 삶이 그 믿음대로 되는 것이기 때문이다. 이 믿음의 기초 위에서, 주님의 거룩한 터치는 계속될 것이고, 또 우리의 영적 감동은 예수님의 이름으로 온 세상에 전파될 것이다.

예수닮기_적용하기

1. 내 삶을 터치해주시는 주님을 언제 느끼나?
2. 내 삶 가운데 주님의 터치가 지속되기 위해 내가 터치해야 할 곳이 있다면 무엇일까?

#3

경청의 삶

우리가 누군가에 귀를 기울여 경청을 한다는 것은 인간관계에 있어서 매우 중요하다. 상대방의 말이나 의견을 제대로 경청하지 못한다면 소통이 제대로 이루어지지 않을뿐더러, 또한 전혀 딴소리로 반문하게 되는 경우가 생긴다. 따라서 원활한 소통이 이루어지기 위해서는 경청을 부지런히 훈련해야 한다.

일반적으로, 경청에는 다음과 같은 유형이 있다. 첫째, 경청의 가장 저급한 수준으로 '배우자 경청 Spouse Listening'이란 것이 있다. TV를 보면서 건성건성으로 듣는 것, "좀 조용히 해봐", "이따가 얘기해!" 하는 식으로 말을 종종 가로막기까지 하면서 듣는 유형이 바로 '배우자 경청'이다.

둘째, '수동적 경청 Passive Listening'이 있다. 상대방에게 주의를 기울이거나 공감해주지 않고 그저 말하도록 내버려두는 것이다. 말을 가로막지 않는다는 면에서 배우자 경청보다는 나을지 모르지만, 이렇게 수동적으로 경청하게 되면 말하는 사람은 주제에 집중을 못하고, '어디까지 말했더라?' 하고 산만하게 된다.

셋째, '적극적 경청 Active Listening'이다. 말하는 사람에게 주의를 집중하고, 공감해주는 경청을 말한다. 상대방과 눈을 맞추고 고개를 끄덕이며, "저런!", "그래서 어떻게 되었는데요?" 하는 추임새를 넣으면서 듣는다. 이렇게 적극적으로 경청해주면 말하는 사람은 신이 나고 더 많은 말을 집중적으로 하게 된다.

넷째, 경청의 최고 단계로 '맥락적 경청 Contextual Listening'이 있다. 이것은 '말하지 않는 것까지 듣는 경청법 Listen beyond words'이다. 말 자체가 아니라, 어떤 맥락에서 나온 말인가? 즉, 말하는 사람의 의도·감정·배경까지 헤아리면서 듣는 것을 말한다. 가히 고수의 경청법이라 할 만하다.

커뮤니케이션 학자들에 의하면, 말은 전달하려는 메시지의 단 7%만을 운반할 뿐이고, 나머지 93%의 의미는 음성과 어조, 표정, 제스처 등에 실려 전달된다고 한다. 그러니 피상적으로 말만 듣는 것은 그 야말로 거대한 빙산의 일각만 보는 것과 같다. 전문가들에 의하면, 경청을 해주면 신체적으로도 맥박이 정상화되고 혈압이 내려가며 엔도르핀이 솟는 반응까지 나온다고 한다. 즉, 치료 효과까지 보게 된다는 것이다. 그럼에도 불구하고, 이렇게 좋은 경청을 우리가 잘 못하는 이유는 무엇일까? 그것은 상대의 말이 '옳다, 그르다' 하는 우리 식의 이분법적인 판단(이미 들으면서 내 안에서 판단과 선택을 하기 때문이다), 혹은 성급하게 해결책을 제시하려는 급한 마음, 편견, 선입견 등이 있기 때문이다.

그래서 누군가가 말하기를, "우리 인간이 말하는 것을 배우기까지는 2년이면 족하지만, 듣는 것을 배우기까지는 80년이 걸린다"고 했다. 경청의 습관은 평생의 훈련을 필요로 한다. 유대인들은 평생 동안 이 경청의 훈련을 받으며 산 사람들이다. 구약성경 신명기에서 보듯이, 그들은 어린아이 때부터, 하나님 말씀의 경청으로 그들의 삶을 시작했다. 소위 '쉐마' 교육이라고 일컫는, "이스라엘아 들으라". 이것이 그들에게는 교육의 가장 중요한 지침이고 강령이었다. 이것은 그들에게 삶의 근거가 되는 신앙 고백이기도 했다.

신약성경에서는 여리고 도성에서 도움을 필요로 하는 맹인 바디매오가 예수를 향해 "나를 불쌍히 여기소서" 하고 소리치는 장면이 있다. 사람들은 그의 외침을 단순히 시끄러운 소리로만 생각했다. 그래서 많은 사람이 '꾸짖어 잠잠하라'고 한다. 그럼에도, 그는 또다시 "나를 불쌍히 여기소서"라고 외친다. 이때 "예수께서 머물러 서서(마가복음 10:49)" 듣는다. 이것이 바로 경청의 자세인 것이다. 경청은 상대방의 소리를 듣기 위해 '머물러 서는 것'이다. 경청은 귀로만 듣는 것이 아니라, 온몸과 마음을 다해서 상대방에게 나 자신을 내어주는 행위이다. 대중들의 경청의 태도는 '배우자 경청' 혹은 '동적 경청'이었고 예수님의 경청의 태도는 '적극적 경청' 혹은 '맥락적 경청'이라고 말할 수 있다.

예수님께서 길을 가다가 머물러 서신 이유는 그에게 호소하는 맹인에게 관심이 있었고 사랑했기 때문이었다. 그런 의미에서 경청은 관심이요 사랑이다. 신학자 폴 틸리히Paul Tillich는 "사랑의 첫째 의무는 경청하는 것이다The first duty of love is to listen"라는 말을 남겼다. 많은 그리스도인들이 맹인처럼 지금도 여전히 예수의 이름을 부르며 기도하는 이유가 어디에 있는가? 그가 우리의 외침에 귀를 기울여 경청한다는 사실을 믿기 때문이 아닐까? 신학적으로 그것을 '영적 경청'이라고 말한다. 우리 시대의 가장 큰 영향력을 행사했던 피터 드러커는 "의사소통에서 제일 중요한 것은 상대방이 말하지 않은 소리를 듣는 것이다"라고 말했다. 다시 말해서, 영적으로 경청을 하는 것이다. 심리학자들은 이것을 "제3의 귀The third ear로 듣는다"고 말하며, 전문적 용어로, '공감적 경청' 혹은 '반영적 경청'이라 한다.

예수님과 사마리아 여인이 만나 대화하는 장면을 상상해보라. 이 여인은 "당신은 유대인인데 어찌해서 사마리아 여자인 내게 물을 달라고 하느냐?(요한복음 4:9)"고 반문한다. "당신이 여기서 물을 준다니 당신은 내 조상 야곱보다 더 위대하나이까(요한복음 4:12)?" 하고 조상 탓까지 한다. 이때 예수님이 취할 수 있는 가장 쉬운 반응은 "싫으면 관두라"일지도 모른다. 그러나 예수님은 끈질기게 그녀의 말에 경청했다. 그러자 마침내 이 여인은 "이런 목마르지 않는 물을 내게 주사 다시는 여기에 물 길러 오지 않게 하소서(요한복음 4:15)"라고 도움을 호소한다.

여기서 다시 마가복음을 보자. 예수님은 맹인에게 "네게 무엇을 하여 주기를 원하느냐?"고 물으신다. 그러자 맹인이 뭐라고 말했나? "맹인이 이르되 선생님이여 보기를 원하나이다(마가복음 10:51)". 그렇다. 우리의 삶 가운데 생기는 소통의 문제들 가운데서 이 말 한마디, "제가 무엇을 해드리면 좋겠습니까?" 이 단순한 물음만 우리가 잘해도, 소통과 관계는 원활하게 이루어진다. 그러므로 예수 닮기 원하는 사람의 가장 큰 덕목은 바로 이러한 '경청의 삶'을 사는 것이다.

사람은 누구나 믿음의 소원을 갖고 산다. 어둠 속에 사는 사람도 밝은 내일을 믿고자 한다. 가난 속에 사는 사람도 풍요한 내일의 삶을 믿고자 한다. 실패를 거듭하는 사람도 성공하는 내일을 믿고자 한다. 병든 사람도 건강이 회복될 내일을 믿고자 한다. 성경에 나오는 주인공 맹인도 얼마나 눈 뜨고 싶은 믿음의 소원을 갖고 있었겠는가? 예수님께서는 그런 그에게 뭐라고 말씀하셨나? "가라 네 믿음이 너를 구원하였느니라(마가복음 10:52)"고 하셨다. 주님과의 소통은 믿음으로 뚫는다.

아마 예수님은 "너는 어차피 볼 수 없는 운명이니까 포기하라"고 말씀하실 수도 있었을 것이다. 그러나 그분은 절망이 아닌 희망이기를 원하셨다. 좌절이 아닌 재기를 원하셨다. 그래서 그는 희망의 메시지를 전했고, 또한 구원의 메시지도 전했다. 그런 후에 어떤 일이 일어났는가? "그가 곧 보게 되어 예수를 길에서 따르니라(마가복음 10:52)"고 했다. 경청이 그를 예수의 제자가 되게 한 것이다. 경청이 그의 눈을 뜨게 했을 뿐 아니라, 잠자던 믿음을 일깨워 믿음의 사람도 되게 했다. 경청이 그에게 기적을 선물했던 것이다. 경청의 삶은 놀라운 기적의 삶으로 이어진다.

카라 로렌스Cara Lawrence는 이런 말을 남겼다. "사람들은 당신이 준 충고를 기억하지 못할지 모릅니다. 그러나 당신이 그들의 말을 경청해준 것은 반드시 기억할 것입니다." 우리가 기도하면 할수록, 예수님의 사랑을 더 깊이 경험하게 된다. 그 이유는 무엇인가? 그분이 언제나 우리에게 귀를 기울여 우리의 기도를 경청하시기 때문이다. 그렇다면, 예수님의 경청의 습관을 닮으려고 노력하라. 경청을 날마다 지속적으로 연습해서 경청의 훈련을 만들어가라. 그분은 우리의 희망이요, 구원의 빛이시다.

예수닮기_적용하기

1. 주님의 음성을 온전히 듣기 위해 내어드려야 할 것은?
2. 내 귀가 가장 예민하게 반응할 때는?

#4

공경의 삶

부모의 자식 사랑은 '절대적 희생적 사랑'이다. 우리는 이것을 천륜 天倫이라 하고, 이러한 천륜적 사랑의 화답을 '효孝'라 한다. 기독교 윤리학에서는 하늘, 즉 하나님이 세우신 윤리적 권위를 세 가지로 구분한다. '가정과 국가와 교회'이다. 가정의 권위는 부모에게 있고, 국가의 권위는 왕에게 있으며, 교회의 권위는 예수님께 있다. 이 세 권위는 모두가 하나님을 대신하는 분들이기 때문에 그 권위를 갖는 것이고, 그 권위에 대한 화답은 '효孝'와 '충忠'과 '신信'으로 나타난다.

그렇다면 효도의 가장 기본이 되는 것은 무엇일까? 그것은 부모의 자리를 인정하는 것이다. 달리 표현하면 '부모 공경'이다. '공경하다'라는 말의 히브리어는 '카베드', 헬라어는 '티마오'인데, 이는 '공경하다'는 뜻 외에 '무겁게 대한다'는 뜻이 있다. 즉, 부모의 일생을 가볍게 여기지 않고 무겁게 대하는 것을 '공경'이라 한다. 잘났든 못났든 부모의 권위를 인정하고, 순종하는 것이 바로 '효'이다.

예수님은 십자가에서 고통당하며 아픔을 겪을 때, 자신의 어머니를 찾았다. 그때 그는 단순히 '어머니메테르, mother'라는 단어를 사용하지 않고, "여자여~귀나이 보소서 아들이니이다"라고 했다(요한복음 19:26). 여기서 '귀나이'는 황후에게 붙이는 극존칭을 일컫는 말이다. 한 가정의 어머니보다 더 큰 국가의 어머니라고 칭한 것이다. 그리고 옆에 있는 요한을 부르며 "네 어머니라메테르, here is your mother"라 하고 그 처절한 고통 가운데서 자식의 가장 기본적인 '효'를 부탁했다.

십자가란 무엇인가? 이 땅에 있는 모든 허물을 덮어주는 자리가 아닌가? 인생의 무거운 죄악의 짐을 다 감당해주는 자리가 아닌가? 바로 그 자리에서 예수님께서는 효의 무거운 짐을 감당하시는 것이었다. 주님께서는 불효의 흠을 덮어주시고, 구속의 엄숙한 자리에서 불효의 죄를 씻어주고 계시는 것이다. 이 땅에 살아가는 수많은 자식들 가운데, "나는 효도에 자신이 있습니다. 효도를 완성했습니다"라고 말할 수 있는 사람이 얼마나 있겠는가? 어느 누구도 효도만큼은 자신할 사람이 없다.

예수님은 그러한 인간의 연약함을, 또 불효의 죄악이 그만큼 무거운 줄 아셨기에, 십자가에서 모든 불효의 죄악을 덮으시고, 씻으시고, 옮기신 것이다. 예수님은 지난날의 모든 불효의 죄악이, 또 부모님에게 공경을 다하지 못했던 허물들이, 십자가 아래서 다 용서받았음을 선포하셨다. 우리는 믿음의 근원이 되시는 예수님으로부터 효의 능력을 공급받을 수 있게 되었다. 기독교의 효는 예수님으로부터 그 힘을 공급받아 섬기는 것이다.

바울 사도는 "자녀들아 주 안에서 너희 부모에게 순종하라(에베소서 6:1)"고 말하면서, 이것이 "옳으니라"고 했다. 옳다는 단어는 '의롭다'는 뜻이다. 즉, 하나님의 뜻이라는 의미다. 부모에게 순종하는 것은 곧 하나님의 뜻이다. 바울은 다른 곳에서 또 이렇게 말했다. "자녀들아 모든 일에 부모에게 순종하라 이는 주 안에서 기쁘게 하는 것이니라(골로새서 3:20)". 성경은 부모에 대한 공경을 이처럼 하나님에 대한 공경에 비유했다. 그리고 그것이 하나님을 기쁘시게 해드리는 일, 곧 계명에 대한 순종이라고 했다.

현대 사회는 부모의 권위에 대한 인정이나 존경이 너무 부족하다. 몇 년 전에 유니세프유엔아동기금에서 동아시아 17개국 1만 명의 청소년을 대상으로 설문조사를 했다. 어른들, 즉 부모에 대한 존경도를 묻는 질문에서, 한국의 청소년들은 13%만이 '매우 존경한다'고 답했는데, 이는 17개국 평균 72%에 훨씬 못 미치는 꼴찌의 기록이었다. '전혀 존경하지 않는다'는 응답도 나왔는데, 20%로 17개국 평균 2%의 열 배에 달했다. 비록 몇 년 전의 조사이기는 하지만, 아마 요즘 다시 조사해도 별 차이가 나지 않을 듯하다. 이 모든 문제의 출발은 우리 삶의 가장 근본이 되는 '부모 공경'을 통한 권위를 제대로 가르치지 못했고 또 배우지도 못했기 때문이다.

우리 크리스천들에게 있어서 '부모 공경의 삶'은 십계명의 제5계명을 지키는 삶이다. 출애굽기에서는 "네 부모를 공경하라 그리하면 네 하나님 여호와가 네게 준 땅에서 네 생명이 길리라(출애굽기 20:12)"
고 했다. 부모 공경의 삶은 땅과 장수의 축복이 담겨 있다. 바울은 그
것을 "약속이 있는 첫 계명(에베소서 6:2)"이라 부르기도 했다. 계명은
하나님이 주신 명령임과 동시에, 인간의 삶의 자연스러운 질서를 말
한다. 공기가 있으니 자연스럽게 숨을 쉬는 것이고, 숨을 쉰다는 것은
살아 있다는 뜻이다. 거기에는 이미 공기가 존재하기 때문이라는 뜻
이 담겨 있다. 그런 의미에서, 부모에게 순종하고 효도하는 사람은 자
연스럽게 하나님의 축복을 받으며 사는 사람이다. 거기에는 그 어떤
조건도 있을 수 없다.

> 네 아비의 명령을 지키며 네 어미의 법을 떠나지 말고 그것을 항상
> 네 마음에 새기며 네 목에 매라(잠언 6:20-21)

미국의 메리 파이퍼Mary Pipher라는 심리학자는 "부모에 대한 사랑은
곧 자기 미래에 대한 사랑이다"라고 말했다. 부모를 어떻게 섬기는가
에 따라 자신의 노년이 결정된다는 것이다. 사람은 누구나 심은 대로
거두게 마련이다. 이것은 자연의 질서이자 섭리다. 선을 심으면 선으
로 거두고 악을 심으면 재앙으로 거둔다. 불효를 심으면 늙어서 불효
를 거두고, 효도를 심으면 늙어서 효도를 거둔다. 우리가 행하는 일거
수일투족을 우리의 자손들은 자연스럽게 다 보고 배우며, 그것은 은
연 중에 그들의 삶을 형성한다. 효를 심으면 자손들의 마음속에 효가
싹튼다. 부모 공경의 삶은 예수를 닮기 원하는 사람들이 본받아야 할

가장 소중한 가치이다.

구약성경 룻기를 읽어보면, 며느리 룻은 이방 여인이며 그 남편이 죽고 없는데도 시어머니 나오미를 친어머니처럼 모신다. 친정으로 돌아가라는 말에도 어머니와 함께하겠다고 말한다.

나로 어머니를 떠나며 어머니를 따르지 말고 돌아가라 강권하지 마옵소서 어머니께서 가시는 곳에 나도 가고 어머니께서 유숙하시는 곳에서 나도 유숙하겠나이다. 어머니의 백성이 나의 백성이 되고 어머니의 하나님이 나의 하나님이 되시리니(룻기 1:16)

가히 부모 공경의 모범이라 할 수 있다. 결국 하나님께서는 이 착한 룻을 축복하시며, 유력한 사람 보아스와 가정을 이루게 하시고, 그 가문으로부터 이스라엘의 위대한 다윗 왕을 출생시키셨다.

또 창세기에 나오는 요셉은 어떤가? 그가 하나님께 축복을 받은 까닭은 그가 아버지 야곱을 잘 섬기며 공경했기 때문이다. 요셉은 아버지의 장례를 70일에 걸쳐 치렀으며, 그때 얼마나 슬피 울었던지 그 지역 사람들이 "애굽 사람의 큰 애통이라(창세기 50:11)"고 부를 정도였다. 부모를 공경할 줄 알았기에 요셉은 어느 곳에 가든지 윗사람들을 공경할 줄 알았고, 그것이 또한 그가 국무총리의 자리에 오르는 비결도 되었다. 이상의 말씀을 거꾸로 해석한다면, 부모님을 공경하지 않는 사람은 하나님의 축복을 기대할 수 없다는 의미도 된다. 부모 공경은 인간의 마땅한 도리요, 성경에서 명령하는 계시의 말씀이요, 약속이 있는 첫 계명이다. 우리가 어떻게 사는 것이 예수님을 닮는 삶인지를 생각해보자.

예수닮기_적용하기

1. 부모님을 사랑하기 어려웠던 적이 있다면?
2. 만약 부모님이 지금 내 옆에 계시다면 가장 해드리고 싶은 것은?

#5

십자가의 삶

지금도 이스라엘 예루살렘에 가보면, 예수님의 '십자가의 길Via Dolorosa'이 빌라도 법정에서 골고다 언덕에 이르는 수난의 길로 그대로 남아 있다. 이 길에는 각각의 의미를 지닌 14개의 지점이 있으며, 이 중 제10지점에서 제14지점까지는 성묘교회 안에 위치하고 있다. 예수님께서는 어린 나귀새끼를 타고 겸손한 인간의 모습으로 예루살렘에 입성하심으로써, 자신이 인류의 구원을 위해 메시아로 오셨음을 공개적으로 선포하신 것이다. 인류의 구속 사역을 위해 고난의 발걸음을 내디디시며 예루살렘으로 입성하신 예수님은 진정 평화의 왕이요, 희생의 왕이요, 만왕의 왕이시다.

세계적인 영성 신학자인 헨리 나우웬Henri J.M. Nouwen은 《세상의 길, 그리스도의 길The Selfless Way of Christ》"이란 책에서 이렇게 말한다.

영적인 삶이란 예수 그리스도를 인도하신 바로 그 성령의 인도를 받는 삶이다. 성령은 우리 안에 계신 그리스도의 호흡이요, 우리 안에 역사하시는 그리스도의 신적 능력이며, 또한 우리로 하여금 이제는 우리가 사는 것이 아니고 우리 안에 계시는 그리스도께서 사신 것이라는 진리를 깨닫게 해주는 생명의 신비로운 근원이시다. 사실상, 영적인 삶을 산다는 것은 살아 있는 그리스도가 된다는 것을 의미한다. 최대한 그리스도를 닮으려고 애쓰는 것만으로는 충분하지 않다. 다른 사람에게 예수님을 일깨워주는 것만으로도 충분하지 않다. 오히려 영적인 삶은 우리에게 훨씬 더 철저한 요구를 한다. 즉, 그것은 시공간 속에서 즉 지금 여기에서 살아 있는 그리스도가 되는 것이다.

요약하면, 영적인 삶을 산다는 것은 적어도 그 시간만큼은, 그 장소에서만큼은, 그리스도가 되어보는 것이다. 고난받는 예수 그리스도의 자리에 내가 한번 서보는 것을 의미하고, 또 그가 걸어갔던 십자가의 길을 나도 따라서 걷는 것을 의미한다. 그것이 예수님의 제자가 되는 길이다. 참 제자란 낮아지는 십자가의 삶을 통해 예수님을 좇아 그분과 함께 새로운 삶에 들어가는 사람이다. 사실상 낮아지는 길은 우리의 길은 아니다. 우리는 권력과 명예와 부를 추구하며 사다다리의 꼭대기를 향해 올라가는 길을 선택해서 높은 곳으로 오르려고만 하지 않는가?

그러나 하나님은 자신을 낮추어 스스로의 신적 권위를 버리시고 우리와 같이 되셨다. 우리에게 믿음의 근거를 갖게 하는 것은 우리와는 비교할 수 없는 그 신적 능력을 가지신 분이 우리처럼 죽음을 향하고 있다는 사실이다. 십자가의 길을 통해, 하나님은 그의 신적인 생활 방식을 바로 우리 자신들에게 전하셨다. 그것이 바로 그리스도의 십자가의 삶이다. 이 삶은 우리로 하여금 연약한 가운데 강하게, 사로잡힌 가운데 자유롭게, 고통 가운데 즐겁게, 가난한 가운데 부하게 해주시면서, 우리를 구원에 이르게 하는 길이다.

신약성경 복음서에 의하면, 하나님은 겸손하고 온유하고 순전한 나귀 새끼를 통해 그 구원의 행위를 완성하셨다. 그것은 "주께서 쓰시겠다 하라"는 한 말씀 속에서 시작되었다. 예루살렘으로 입성하시는 예수님이 겸손하게 그의 십자가의 길을 걸으시되, "아직 아무도 타보지 않은 흠 없는 나귀 새끼"를 타셨다. 그리고 사람들이 왜 하필 흠 없는 나귀 새끼냐고 물으면, "주께서 쓰시기 위한 것"이라고만 말씀하신다. 여기서 중요한 사실은 "주님이 쓰시겠다" 하면, 반드시 그렇게 사용하신다는 사실이다. 주님은 항상 주님이 필요한 사람들을 부르시어 쓰신다. 그러므로 주님을 위해 쓰임받는다는 것은 믿는 자들에게 가장 큰 축복이 아닐 수 없다. 예수님이 예루살렘에 입성하실 때 나귀를 선택해서 쓰심으로써, 십자가 사건에 동참시킨 것처럼, 우리를 향해 주께서 여러 모양으로 쓰시겠다 하실 때 순수하게 응답해 주님의 일(계획)에 동참할 수 있어야 한다.

따라서 아름다운 열매를 많이 맺는 교회가 되기 위해서는, 성도들을 향한 주님의 음성, "내가 여러분들을 쓰겠다" 하는 음성을 들어야 하고, 또 그 음성에 겸허하고 순종하는 마음으로 응답해야 한다. 사도 바울은 디모데후서에서, 이 땅에 몇 번 쓰임받다 깨어지는 그릇 하나까지도 쓰임이 있고 쓰임의 목적이 있다고 말한다. 큰 집에는 금 그릇도 있고 은 그릇도 있고 나무와 질그릇도 있다(디모데후서 2:20). 여기 큰 집은 하나님의 집이요 그릇은 우리 인생을 비유한다. 귀한 그릇은 무엇으로 만들었느냐 하는 것이 아니라, 어떻게 쓰임받기에 합당하냐 는 것이다. 과연 하나님 앞에서 쓰임받냐 그렇지 못하냐 하는 것이 참으로 중요한 문제이다.

사람은 누구나 고난과 죽음을 두려워하고 피하고 싶어 한다. 고난보다는 평안을, 죽음보다는 생명을 더 좋아하며 살아간다. 따라서 고난과 죽음을 알고 그 길을 걸어간다는 것은 상상도 할 수 없는 고역의 길임에 틀림없다. 예수님이 바로 그 고난과 죽음을 향해 그 길을 걸어갈 때, 가능한 한, 하지 않았으면 좋았기에 침묵으로 일관하셨다. 많은 주변의 사람들은 이러한 참참한 그의 마음을 읽지 못한 채, 그들의 영욕만을 위해 "호산나, 호산나" 하며 그의 예루살렘 입성을 환영한다. 그의 이 길은 거부할 수도 있었던 길이고, "왜 나를 버리셨나이까?" 하며 불만을 털어놓고 소리를 지를 수도 있는 그러한 길이었다. 그러나 그는 침묵으로 일관한 채, 자신에게 주어진 삶에 순종하며 이 길을 걸어가셨다. 왜냐하면 그의 침묵은 하나님께 대한 자신의 응답이었기 때문이다.

침묵에는 여러 가지가 있다. 경탄과 찬미의 침묵이 있다. 너무나 놀랍고 경탄할 때 어안이 벙벙해서 침묵으로 찬사를 보내는 경우다. 또한 경멸의 침묵이 있다. 말로서 논쟁할 때 말할 가치가 없다고 생각할 때, 침묵을 보인다. 다음으로 공포의 침묵이 있다. 말하는 것이 두렵다는 이유로 침묵을 지키는 경우다. 마지막으로 상처받은 마음의 침묵이 있다. 상처를 입고 타격을 받았을 때, 침묵으로 슬픔을 삼키는 경우다.

그렇다면 예수님의 침묵은 어떤 침묵일까? 그것은 앞에서도 말한 바와 같이, 자신의 고난과 죽음을 향한 침묵이다. 바꾸어 말하면, 그것은 이웃을 향한 사랑과 평화의 침묵이다. 따라서 그의 침묵은 자기로부터 떠나 이웃에게로 향하는 생명의 전이이고, 생명의 회복을 의미한다. 예수님의 십자가의 길은 그저 삶의 마지막이 아닌 새로운 생명의 은총임을 확인하는 길이다. 예수님이 예루살렘을 향한 그의 길을 불안함이나 두려움이 없이 당당하게 걸을 수 있었던 이유가 바로 여기에 있다.

구약성경 사무엘하를 읽어보라. 다윗 왕이 순전한 마음으로 하나님을 섬기는 모습이 나온다. 다윗은 일찍이 목동으로서 이새의 막내 아들로 태어났다. 그는 하나님 제일주의 신앙을 소유한 철저한 하나님 중심의 사람이었으며, 하나님의 마음에 합한 자가 되어 후에 이스라엘의 왕이 된 사람이다. 다윗이 왕이 된 후 제일 먼저 하고자 했던 일은 하나님의 궤 곧 법궤를 다윗 성으로 모셔오는 것이었다. 법궤는 하나님의 임재를 상징하고, 하나님의 인도하심을 발견한다. 이스라엘 백성들이 행진할 때에는 언제나 법궤가 앞서 행진을 했다. 그러므로 다윗이 왕이 된 후, 제일 먼저 '법궤 운반'을 전개한 것은 하나님에 대한 경외함과 생명(말씀)에 대한 회복의 의미가 담겨 있었다. 그래서 다윗은 법궤의 행렬 앞에서, 소와 살진 양을 제물로 바치며 힘을 다해 춤을 추고 즐거이 노래 부르며 나팔을 불며 환영 축하를 드렸다. 억제할 수 없는 감격에 겨워서 그는 덩실덩실 춤을 추었다. 다윗이 춤을 춘 것은 하나님 앞에서 행한, 꾸밈이 없는 순전한 기쁨의 표현이요, 감격의 발로였고, 자기 낮춤의 의미였다.

비록 사울의 딸 미갈이 다윗 왕의 춤추는 모습을 보고 비난하며 왕의 체통을 지키지 않았음에 업신여기기까지 했지만, 다윗이 체면을 버리면서까지 춤을 춘 것은 하나님을 기쁘게 해드리고, 하나님께 영광을 돌리기 위해 선택한 하나님의 자녀됨의 고백이었다. 한마디로, 하나님의 뜻을 따르기 위한 순종이었다. 마치 예수님이 하나님의 뜻과 그의 영광을 위해 예루살렘의 십자가 길을 걸어가신 것과 같은 맥락이다. 그러므로 우리는 하나님 앞에서 어린아이처럼 순수해야 한다. 신앙적인 면에서 하나님 앞에서는 그 어떤 상황 가운데서도 체면과 권위를 버려야 한다.

그래서 다윗은 "내가 이보다 더 낮아져서 스스로 천하게 보일지라도(사무엘하 6:22)"라고 했다. 표준 새번역에는 "내가 스스로를 보아도 천한 사람처럼 보이지만 주님을 찬양하는 일 때문이라면 이보다 더 낮아지고 싶소"라고 말하면서, 하나님 앞에서 자신을 낮추는 겸손을 보였다. 자기가 가야 할 길이 철저하게 낮아지는 것임을 강조했던 것이다. 여기에 역설적인 진리가 있다. 자기를 낮추는 왕의 자세 가운데서 주권자로서의 참된 권위를 회복할 수 있었던 것이다. 즉, 낮음으로 말미암아 높아지고, 비움으로 말미암아 채워지는 은혜를 경험했다는 말이다.

성경이 우리에게 가르치는 위대한 역설은 바로 이것이다. 하향성을 통해서만 참된 진리를 발견할 수 있다는 것이다. 하나님의 말씀이신 그리스도께서 우리에게 직접 내려오셨고 종의 신분으로 우리 가운데 사셨다. 따라서 하나님이 요구하시는 길은 실로 하향성의(낮아지는) 길이 분명하다. 이런 의미에서, 그리스도인의 믿음의 중심부에는 하나님이 전적으로 자신을 낮추어 복종시킴으로써, 자신의 신성을 계시하셨다는 신비가 있다. "너희 중에 누구든지 으뜸이 되고자 하는 자는 너희 종이 되어야 하리라. 인자가 온 것은 섬김을 받으려 함이 아니라 도리어 섬기려 함이라(마태복음 20:26-28)". 예수님의 섬김의 길은 곧 십자가의 삶이다.

따라서 예수님의 제자가 된다는 것은 낮아지는 길을 가시는 예수님을 좇아 그분과 함께 새로운 삶에 들어가는 것이다. 다시 말해서, 예수님을 좇아 낮아지는 길을 걷는 것이 바로 새로운 삶, 즉 예수님 자신의 영적인 삶으로 들어가는 것을 의미한다. 이런 의미에서 하향성(낮아짐)의 길은 신비의 길이요, 십자가의 길이며, 또한 그리스도의 길이다. 따라서 십자가가 없는 영광은 존재하지 않는다. 십자가가 없는 승리와 영광의 부활도 없다. 예수를 닮는다는 것은 바로 이 길을 향하는 삶을 살겠다는 의지의 표현이다.

예수닮기_적용하기

1. 주님께서 나를 쓰시는 방법은 무엇일까?
2. 십자가의 삶을 살기 위해 내가 다듬어져야 할 부분이 있다면 어디인가?

#6

긍휼의 삶

　긍휼이란, 사전적 의미로, "가엾게 여겨 돌보아줌, 불쌍히 여겨 동정함, 상대를 있는 그대로 받아주고 은혜를 베품"이라고 정의한다. 성경에서 긍휼하심의 가장 대표적 사건은 예수 그리스도의 성육신과 십자가 사건이다. 죄인들이 구원받고 하나님의 자녀가 되고 천국 시민이 된 것은 모두가 하나님의 긍휼하심의 결과이다.

　구약성경에서 '긍휼'의 의미로 가장 많이 사용되는 히브리어는 '라하밈'이다. 이는 부모가 자녀에게, 형이 동생에게 가지는 애틋한 정을 의미한다(시편 103:13, 이사야 13:18). 다음으로 많이 사용되는 히브리어는 '헤세드'이다. 이 말은 택함 받은 백성과 맺은 언약에 기초한 하나님의 사랑을 나타낼 때 주로 사용된다. 영어의 'compassion'은 라틴어 'cum'과 'pati'에서 파생된 단어로, '함께 고난 가운데 있다'는 뜻이다. 택함받은 백성 이스라엘이 하나님과의 언약을 저버리고 파기했지만,

그래도 하나님은 그 택한 백성이 다시 돌아오기를 기다린다. 이것이 바로 '하나님의 긍휼'하심이다.

성경에는 날 때부터 맹인된 사람에게 예수님께서 긍휼을 베푸신 이야기가 나온다(요한복음 9장 참고). 헬렌 켈러^{Hellen Keller} 여사는 자서전에서 "들을 수 없다는 것보다 말할 수 없다는 것보다, 더 큰 고통은 볼 수 없다는 고통이다. 아, 내가 오직 3일만 볼 수만 있다면…" 하는 글을 남겼다. 그러나 그녀는 나중에 설리번 선생님의 긍휼의 도움으로 마음의 눈을 뜨게 된 후, 이런 고백을 남긴다. "내 육체의 눈을 잃어버림보다 더 큰 비극은 마음의 눈을 잃어버리는 것이다. 앞을 보지 못하는 것보다 더 큰 비극은 미래를 보지 못하는 것이다"라고 말했다.

성경에 나오는 이 맹인은 예수님을 만나 고침을 받은 후 이렇게 고백한다. "그가 어떠한 사람인지 나는 알지 못하나, 내가 아는 것 한가지는 내가 전에는 맹인이었으나 지금은 보게 되었다(요한복음 9:25)". 그리고 예수님을 향해 이렇게 고백한다. "주여, 내가 믿나이다(요한복음 9:38)". 믿음을 알지 못했던 그의 입에서 "믿나이다"라는 말과 동시에 그의 영적인 눈도 열렸다. 그리고 그는 새로운 세상을 보게 되는 새사람이 되었다. 이 한 가지로 인해 그는 행복하고 감사하는 사람이 되었다. 주님의 긍휼하심을 받은 사람은 언제나 감사가 넘치는 삶으로 살아간다.

참 그리스도인-예수 닮기 원하는 사람은 "영적인 눈과 입과 귀가 열려 새 세상을 보게 된 새사람"이다. 결국 그리스도인은 다른 어떠한 것보다도 새로운 세상을 보게 하신 그분이 바로 '예수 그리스도'라고 고백하는 사람이다. 오늘 우리의 삶이 아무리 고단하고 무거워도, 우리가 믿음 안에서 '하나님의 구원받은 자'가 되었다는 이 한 가지 사실만으로도 '자기 성찰'을 할 수 있다. 아직도 우리들에게는 정치, 경제, 사회적인 고통이 있고 남북간의 갈등과 분열의 아픔이 있지만, 그러나 우리에게 복된 미래의 소망이 있다면, 또한 우리를 그 미래로 인도하실 예수님을 만난다면, 우리는 이 한 가지 사실만으로도 이웃들에게 긍휼의 삶을 베풀며 살아야 할 사람들이다.

우리가 인생 길에서 나의 아픔과 고통을 이해해주는 사람을 만날 수 있다는 것은 분명 크나큰 축복이고 위로이다. 그러나 나를 이해해주는 이도 나를 돕는 일에는 한계가 있다. 하지만 예수님은 그 능력과 한계를 넘어서, 우리에게 도움과 긍휼의 손길을 펼치신다. 요한복음을 자세히 읽어보자. 예수님은 이 맹인을 터치하기 시작한다. 성경은 예수가 진흙을 이겨 그의 눈에 바르셨다고 기록한다. 왜 하필이면 진흙이었을까? 어떤 성서학자는 "이 순간이 그가 창조주이심을 계시하는 순간이었다"고 해석한다. 창조 때에 흙으로 인간을 빚어 만드시던 바로 그 손길이, 이 맹인을 만지시는 동일한 손길이라는 것이다. 창조자가 곧 '상처 입은 치유자 wounded healer'가 되신 것이다.

나를 낳으신 분이 나의 모든 것을 상세히 알듯이, 창조하신 분만이 나의 문제점들을 잘 알고 쉽게 고칠 수가 있다. 지금 이 맹인의 눈을 터치하시는 이 손길은 바로 창조주 되시는 하나님의 손길이다. 창조주 하나님은 지금도 그때와 동일하신 창조의 능력으로, 또 긍휼의 연민으로, 우리들을 어루만진다. 지금도 하나님이 우리들을 터치하고 계신다면, 비록 아직 우리의 미래의 모습이 보이지 않는다 할지라도, 지금 우리는 마음으로 감사하고, 또 주님의 그 긍휼의 삶을 닮아가야 한다.

주님께서는 우리의 눈을 뜨게 하시고 또한 보게 하신 분이다. 그분은 빛이기 때문이다. 우리를 보게 하는 일—그것이 바로 그가 이 땅에 오신 목적이다. 그는 이 일을 위해 하나님 아버지께로부터 보내심을 받았다. 그는 맹인에게 이렇게 말씀한다. "실로암 못에 가서 씻으라 (요한복음 9:7)". 그리고 그 말씀을 들은 그가 실로암 못에 가서 씻었더니, "보게 되었더라(요한 9:11)"고 기록한다. 왜 하필이면 실로암 못이었을까? 실로암의 뜻은 '보냄을 받았다'라는 뜻이다. 이것은 '아포스톨로스'—'사도'라는 헬라어와 똑같은 의미다. 예수님은 지금 맹인에게 사도와 같은 사명을 주신 것이다. 단순히 눈을 뜨게 하기 위한 것이 아니라, 그를 통해 하나님께서 하시고자 하는 놀라운 계획을 이루신 것이다.

물과 은혜는 언제나 높은 곳(위에서)에서 낮은 곳(아래로)으로 흐른다. 따라서 예루살렘에서 가장 낮은 곳에 위치한 실로암 못에 가서 눈을 씻는다는 것은 가장 낮은 곳으로 내려감을 의미하고, 거기서 무릎을 꿇는다는 것을 의미한다. 무릎을 꿇지 않고서는 눈을 씻을 수가 없기 때문이다. 은혜도 마찬가지다. 은혜는 위에서 부어주시는 것이기에, 낮은 곳에 머무는 사람이 받는다. 목이 곧아 높은 곳, 위에만 있으려고 하는 사람은 결코 은혜를 받을 수가 없다. 따라서 예수님이 맹인에게 "실로암 못에 가서 씻으라"고 명한 것은 단순히 물가로 가서 씻으라는 의미가 아니라, 가장 낮은 곳으로 내려가라, 가장 낮은 곳에 거하라, 가장 낮은 마음의 소유자가 돼라는 주님의 명령이다.

요한복음에 나오는 맹인은 주님의 명령에 따라 겸손하게 가장 낮은 곳으로 내려가 가장 낮은 마음으로 무릎을 꿇고 눈을 씻었다. 그 때, 놀라운 하늘의 기적이 나타났다. 실로암 못의 물이 신통한 능력이 있어서가 아니었다. 그가 주님의 말씀에 순종했기 때문이다. 그때, 그는 즉시 밝은 눈으로 지금 자신과 함께하시는 분이 주님이라는 사실을 알게 되었다. 그리고 하나님께서 하시는 일을 증거하는 기적의 주인공이 되었다. 이 맹인이 한 일은 이 예수의 말씀에 순종한 것밖에 없다. 그의 말씀을 믿고 순종했더니 눈이 열린 것이다. 새 하늘과 새 땅이 보이기 시작한 것이다. 새로운 세상이 그에게 열린 것이다. 그는 이제 간증하는 자가 되었고, 빛을 증거하는 자가 되었다. 찬양하는 자가 되었고 고백하는 자가 되었다. "내가 다른 것은 몰라도 한가지 아는 것은 내가 새 세상을 보게 된 것이라".

이러한 맹인의 고백이 오늘 우리들에게 찬송이 되어 울려퍼져야 하겠다. 찬송가 305장(통합 405장), "나 같은 죄인 살리신 주 은혜 놀라와 잃었던 생명 찾았고 광명을 얻었네." 또 찬송가 289장(통합 208장), "주 예수 내 맘에 들어와 계신 후 변하여 새사람 되고, 내가 늘 바라던 참 빛을 찾음은 주 예수 내 맘에 오심". 이런 찬송이 울려퍼져야겠다.

우울증은 좋은 것들마저도 회색빛으로 바꾸어놓는다. 그러나 구원과 감사의 기쁨은 모든 것을 밝은 빛으로 바꾼다. 우리가 행복하고 기쁨에 넘치는 마음, 긍휼을 베푸는 마음으로 살아가면, 그 행복과 기쁨과 감사는 절로 커져 배로 불어나고, 우리의 삶에 아름다운 흔적으로 남는다. 우리가 긍정적인 인생관을 갖고 즐거워해야 하는 이유가 바로 여기에 있다. 예수님을 닮자. 그러면 이 행복과 기쁨과 감사가 언제나 우리 곁에 있을 것이다.

예수닮기_적용하기

1. 요즘 나의 시선을 가장 많이 사로잡는 것이 있다면?
2. 주님의 시선이 머무는 곳에 나의 시선이 향하기 위해서 오늘 내가 가장 많이 보아야 할 곳은?

… #7

섬김의 삶

앤드류 토우니Andrew Tawney가 쓴 《세상은 꿈꾸는 자의 것이다》라는 책에 이런 글이 실려 있다.

먼저 좋은 나무가 되면 좋은 열매는 저절로 맺게 되는 법이다. 그러나 세상 사람들은 좋은 열매만 많이 따려 하고, 위대한 사람이 되려고만 애쓰지 먼저 좋은 나무가 되려고 하지 않는다. 무엇을 '하는 것'보다 무엇이 '되는 것'이 더 중요한 것이다. 우리의 인격과 사람됨이 바르면 말을 잘하든 못하든 남에게 감동을 주게 된다. 우리는 겉에 나타나는 말이나 행동보다도 우리 속에 있는 생각과 마음먹는 것이 항상 진실하고 겸손하고 죄악을 멀리하도록 힘써야 한다. 위대한 업적을 남기고 위대한 일을 많이 하기에 앞서 됨직한 사람이 되기에 힘써야 한다. '무엇을 하느냐'가 중요한 것이 아니라 '어떤 사람이 되느냐'가 더 중요하다.

우리가 살다 보면 정말 중요한 일들이 얼마나 많은지를 깨닫게 된다. 그러나 우리는 그 중요한 것을 잊어버리고 사소하거나 변두리의 것을 더 중요한 것처럼 여기며 살 때가 많다. 예를 들면, 돈을 많이 버는 것보다 더 중요한 것은 그 돈을 어떻게 쓰느냐는 것이 중요한 가치인데, 돈 버는 것에만 목적을 두고 물불 가리지 않는 경우가 많다. 외모보다는 마음이 더 중요하다는 것을 알고 있으면서도, 마음을 아름답게 가꾸기보다는 얼굴과 몸매를 관리하는 데 더 많은 시간과 돈을 투자하곤 한다. 때로는 현실적이라는 이유로 원칙보다는 적당히 타협하는 길을 선택하기도 하고, 내게 좀 더 유익이 된다면 믿음의 길보다는 세상의 방식으로 살아갈 때도 있다. 이것이 우리 모두의 삶의 현주소다.

신약성경의 말씀을 보면, 십자가의 길을 걷기 위해, 예루살렘으로 입성하시려는 예수님께서 세상적 욕망에 사로잡혀 있는 제자들을(정작 중요한 것을 잊어버린 제자들을) 보면서 매우 실망스러워하신다. 예수님께서는 시대를 살아가는 그의 제자들을 향해 무언가를 중요하게 요구하신다. 그것은 누군가가 내게 무엇을 해주기를 바라기보다, 내가 누군가를 위해 무엇을 할 수 있는지가 더 중요하다는 것을 가르치신 것이다. 그때, 두 제자 야고보와 요한은 예수님께 나와서, "선생님이여, 무엇이든지 우리가 구하는 바를 우리에게 하여 주기를 원하옵나이다(마가복음 10:35)"라고 한다.

이 요청은 자신들이 앞으로 고난당하고 십자가에서 죽으실 주님을 위해, 무언가 해보겠다는 것이 아니라, 자신들을 위해서 주께서 무언가를 해주기를 원한다는 뜻이다. 그들은 3년 동안이나 예수님을 따라다녔다. 많은 제자들 가운데서 특별히 사도로 부름을 받고 특별한 사랑도 받았다. 특히 요한은 '사랑하는 제자'라고 불릴 정도였다. 그럼에도 불구하고, 이제 예수님께서 십자가를 바라보시면서 착잡한 마음으로 예루살렘을 향해 가실 때, 그들은 차라리 "주님, 우리가 지금 주님을 위해서 할 수 있는 일이 무엇일까요?"라고 묻는 것이 제자된 도리였을 것이다. 그런데 어처구니없게도, 그들은 지금 주님께서 자신들에게 뭔가를 해주기를 요청하고 있다.

미국의 케네디^{J. F. Kennedy} 대통령은 "국가가 나를 위해서 무엇을 해줄 것을 바라기에 앞서, 내가 국가를 위해 무엇을 할 것인가를 생각해야 한다"는 유명한 말을 남겼다. 그렇듯이, 성숙한 신앙인, 다시 말해서 참된 제자라면, 교회가 나를 위해 무엇을 해줄 수 있는가를 바라기보다는 내가 교회를 위해 무엇을 할 수 있는가를 생각해야 한다. 수년 간, 아니 수십 년간 신앙생활하고 직분을 맡아 일하면서도, 여전히 누군가가 내게 무언가를 해주기를 바라기만 한다면, 그것은 아직도 어린아이의 신앙에서 벗어나지 못한 것이다. 우리가 좀 더 성숙한 신앙인이라면, 내가 무엇을 할 것인가, 무엇을 할 수 있는가를 먼저 생각할 수 있어야 한다.

야고보와 요한이 예수님께 요구한 것은 무엇인가? "주의 영광 중에서 우리를 하나는 주의 우편에, 하나는 좌편에 앉게 하여 주옵소서(마가복음 10:37)". 이 말은 '주님께서 예루살렘에 올라가 왕이 되신다면 우리 형제를 각각 우의정 좌의정에 앉혀주십시오'라는 말이다. 정권이 바뀌어 새로운 질서가 형성되면, 권력의 중심부에 서서 좌지우지하고 싶은 '권력 욕망에의 의지'를 표현한 것이다. 따라서 여기에 '주의 영광'이라는 단어를 제자들이 사용하고 있지만, 그 영광이라는 말은 본래 성경적 의미의 '영광'이라기보다는 매우 세속적인 의미로 이해되는 영광이었음에 틀림없다.

그러자 예수님께서는 그 제자들에게 이렇게 말씀하신다. "너희는 너희가 구하는 것을 알지 못하는도다. 나의 마시는 잔을 너희가 마실 수 있으며 내가 받는 세례를 너희가 받을 수 있느냐(마가복음 10:38)". 예수님은 자리를 원하는 제자들에게 자리를 탐내지 말고 '나의 잔을 마시고 나의 받는 세례를 받으라'고 말씀하신 것이다. 주님이 마시는 잔은 고난의 잔이고, 세례는 죽음을 상징한다. 따라서 예수님은 제자들에게 '너희가 원하는 그 자리는 권력의 자리가 아니라 섬김의 자리'라는 사실을 알려주고자 했다.

신앙인들은 교회의 모든 직분이 권력이나 명예의 자리가 아니고, 섬김의 자리임을 명심해야 한다. 교회 안에서는 어떤 종류의 직분을 갖고 있느냐는 그렇게 중요하지 않다. 그 직분으로 어떤 섬김의 삶을 살고 있느냐가 중요할 따름이다. 그런데 아직까지도 일부 신앙인들 가운데에는 교회에서 직분을 받으면 영원히 그 직분이 자기 것인 줄 알고 있는 경우가 있다. 하물며 심한 경우에는 직분을 주지 않는다고 교회를 떠나는 사람도 있다. 그러나 내가 지금 어떤 직분의 자리에 있느냐 하는 것보다 훨씬 더 중요한 것은 그 직분을 어떻게 섬기고 있느냐, 어떤 일을 하고 있느냐 하는 것이 더 소중한 가치임을 잊지 말아야 한다. 그것이 하나님 앞에서 부끄럽지 않게 충성하며 헌신하는 제자의 삶이다.

신앙인들에게는 섬김을 받는 것보다 섬기는 일이 더 중요한 삶의 가치다. 그런데 야고보와 요한이 예수님께 자리 청탁을 한 사실을 안 다른 제자들은 몹시 화를 냈다. 왜 나머지 10명의 제자들이 야고보와 요한에게 화를 냈을까? 이유는 그들도 야고보와 요한처럼, 똑같이 자리에 대한 욕심이 있었기 때문이다. 서로 말을 하지 않고 눈치만 보고 있었을 뿐이지, 사실은 자기들도 예수님께서 예루살렘에 올라가시면 큰 자리 하나 얻고 싶은 욕망이 내면에 있었을 것이 뻔하다. 그런데 야고보와 요한이 먼저 선수를 치니까 몹시 화가 난 것이다. 이렇듯, 자리에 대한 지배 욕구는 인간 존재의 가장 깊은 곳에 뿌리박고 있다. 그래서 니체는 "인간 존재의 본질은 권력에 대한 의지이다"라고 말했다. 인간관계를 위협하는 모든 갈등의 저변에는 이런 권력 욕구, 혹은 지배 욕구가 숨어 있다. 이것이 인간의 마음에서 구체적으로 실천해야 하는 섬김의 삶을 방해하는 요소다.

예수님께서는 이제 제자들을 향해 조용히 입을 열어 이렇게 말씀하신다.

너희 중에 누구든지 크고자 하는 자는 너희를 섬기는 자가 되고 너희 중에 누구든지 으뜸이 되고자 하는 자는 모든 사람의 종이 되어야 하리라. 인자가 온 것은 섬김을 받으려 함이 아니라 도리어 섬기려 하고 자기 목숨을 많은 사람의 대속물로 주려 함이니라 (마가복음 10: 43-45)

예수 그리스도와 함께 십자가에 못 박혀 새 생명으로 거듭난 사람들은 옛사람의 욕망을 따라 살아서는 안 된다. 우리의 정욕과 욕심을 십자가에 못 박고, 이제부터는 예수 그리스도로 옷을 입고 주님을 닮는 삶을 살아야 한다. 이것이 바로 신앙인으로서의 섬김의 삶이다. 다른 사람의 유익을 위해서 자신의 권리를 포기할 줄도 알아야 하고, 다른 사람의 기쁨을 위해서 때로 십자가도 질 수 있어야 한다. 독일의 여성 신학자, 도르테 쇨레Dorothee Soelle의 말을 빌리면, "이웃을 위해 섬김의 손을 내밀지 못한 사람은 고장 난 인간이다."

지금 우리의 모습은 어떠한가? 섬김받기를 더 좋아하는 옛사람의 모습으로 살고 있는가, 아니면 예수 그리스도 안에서 새 생명을 얻은 성도답게 주님을 닮아 섬기는 삶을 살고 있는가? 우리가 여전히 섬김을 받기만 하고, 여전히 대접받기만 원하고, 여전히 높은 자리에 오르려고만 한다면, 우리는 분명 고장 난 인간이다. 고장 난 기계는 아무 쓸모가 없다. 그것을 고쳐서 쓰든가 아니면 버려야 한다. 그렇듯이, "고장 난 인간"도 마찬가지다. 오늘도 주님께서 우리들에게 "너희가 무엇을 원하느냐"고 물으시면, '주님을 닮기 원하나이다', '주님이 마시는 잔과 세례입니다'라고 대답할 수 있어야 하겠다.

예수닮기_적용하기

1. 누군가의 섬김을 받았을 때 기분이 어땠나?
2. 내가 섬기는 사람이 되기 위해 가장 많이 다듬어져야 할 부분이 있다면?

#8

영적 멘토의 삶

흔히 우리는 인생에서 세 사람을 잘 만나야 한다고 말한다. 그 첫째는 우리를 낳아주시고 사랑으로 길러주신 부모님을 잘 만나야 하고, 둘째는 자신의 지식과 기술과 인격을 함양시키고 더 나아가 인생의 비전을 가르쳐주시는 스승을 잘 만나야 하고, 셋째는 한평생 자신의 반려자로, 동반자로 자신과 함께 걸어갈 사람을 잘 만나는 것이다. 이 세 사람을 잘 만나게 될 때, 우리는 존재의 가치를 한층 더 높이게 된다.

세상에는 반드시 가야 할 자기의 길이 있다. 물고기가 가는 길을 어도라고 하고, 배가 가는 길은 뱃길이라고 한다. 비행기는 항로가 있고, 차는 차도가 있고, 기차는 철길이 있다. 그 모두가 자기의 길을 갈 때 평안이 있고 행복이 있다. 그 길에서 벗어나고 일탈하면 불행해지고 파멸을 맞게 된다. 마찬가지로 모든 인생은 가야 할 길이 있다. 성경은 이 길을 "복음의 길"이라고 가르친다. 복음을 따라 사는 것이 가장 행복한 인생 길이라는 의미다. 복음이신 예수 그리스도로 말미암지 않고는 하나님께로 갈 자가 없기 때문에, 우리는 복음 안에서 행복해질 수 있고, 복음 안에서 자유할 수 있다.

만일 물고기가 물에서 살기가 싫다고 물을 떠나면 어떻게 되겠는가? 새가 하늘이 싫다고 물에 들어가면 어떻게 되겠는가? 존재가 자기의 길에 들어선다는 것은 창조 질서에 순응하는 것이다. 구약성경 창세기에 의하면, 사람은 원래 흙으로 빚은 다음 그 속에 하나님이 생기를 불어넣어 창조한 위대한 작품이다. 하나님의 영이 흙에 들어가니, '생령'이 되었다고 성경은 말한다. 하나님의 형상이 만들어졌다는 말이다.

그러므로 사람은 하나님의 영이 거할 때만 인간으로 존재하는 것이다. 만일 그 영이 내 안에서 비어지면 그 비어진 자리를 하나님의 영(성령)으로 충만하게 채워야 한다. 사람이 타락하면 그 사람 안에 영이 사라지게 되고, 결과적으로 흙으로 돌아갈 수밖에 없다. 바로 이런 죽은 영을 살리시려고 주님은 우리에게 오셨다. 따라서 복음이신 주님을 내가 영접하면 죽은 영혼도 다시 일어설 수 있고, 새로운 행복한 인생이 펼쳐진다. 이 사실을 믿는다는 것(믿음으로 고백하는 것)이 창조 질서에 대한 응답이다.

나폴레온 힐Napoleon Hill은 현대인 누구에게나 7가지 불안과 공포가 있다고 말한다. "가난에 대한 공포, 실패에 대한 공포, 질병에 대한 공포, 사랑 상실에 대한 공포, 노쇠에 따른 공포, 자유 상실에 대한 공포, 죽음에 대한 공포" 등이다. 불안과 공포의 삶의 현장에서 벗어나는 가르침을 받을 수 있다면, 우리는 참 스승을 찾은 사람이요, 그러기에 축복을 받은 사람이다. 믿음으로 참 스승을 만날 때 인간은 불안과 공포에서 벗어날 수가 있다.

우리는 대부분 차에 네비게이션을 갖고 있다. 우리가 어떤 길을 찾아갈 때, 네비게이션을 믿고 네비게이션이 지시하는 대로 운전을 한다. 네비게이션이 업그레이드가 되어 그것을 믿으면, 저 시골길 구석구석까지도 잘 안내해준다. 걱정하지 않아도 되고 불안해하지 않아도 된다. 마찬가지다. 우리 주님은 우리 삶의 네비게이션이다. 알지 못하는 인생의 길을 걸어갈 때에, 그 길을 몰라 걱정과 불안 가운데 있을 때에, 그리고 위에서 말한 인간의 7가지 공포에 휩싸일 때에도, 그분은 "수고하고 무거운 짐 진 자들아 다 내게로 오라. 내가 너희를 편히 쉬게 하리라(마태복음 11:28)"고 말씀하신다. 또한 "나는 길이요, 진리요, 생명이니 나로 말미암지 않고는 아버지께로 올 자가 없느니라(요한복음 14:6)"고 하시며 우리의 삶을 약속하신다.

대체적으로, 세상의 많은 사람들은 알지 못하는 인생의 길을 그냥 제 마음대로 운전하며 살아가고 있다. 어찌 보면, 인생의 실패는 그 때문에 오는 것인지도 모른다. 알지 못하는 길을 묻지도 않고, 가르침을 받지도 않고, 자기 고집대로, 제멋대로 가는 사람이 어떻게 길을 찾을 수 있고, 어떻게 행복할 수 있겠는가? 우리 인생의 길은 우리가 만드는 것이 아니고 하나님께서 만드시는 것이다. 인간은 누구나 다 처음 가는 길은 알고 가는 것이 아니라, 믿고 가는 것이다. 네비게이션은 우리에게 지시하고 가르쳐 줄 뿐이다. 그 길을 따르는 사람은 운전자이고, 그것을 믿고 안 믿고는 운전자 자신에게 달려 있는 것이다. 믿고 가보았는데 틀리면 안 믿으면 된다. 다시는 그 사람이 가르쳐준 길로 가지 않으면 된다. 그러나 가보지 않고서는 그 길이 맞는지 틀리는지 알 수가 없다. 가르쳐주는 길을 믿지 않고 그냥 자기가 알아서 찾는다면 그 일은 참 힘든 일이 될 것이다.

신약성경 요한복음을 보라. 예수님은 자신을 가리켜, "길이요, 진리요, 생명이다"고 말씀하시면서, 자신으로 말미암지 않고서는 아버지께 나아올 수 없다는 사실을 믿으라 한다. 그때, 빌립이 "그 아버지가 어디에 있느냐? 그 아버지를 보여달라"고 요구한다. 그러자 예수님은 안타까운 심정으로 "빌립아, 내가 이렇게 오래 너희와 함께 있으되 네가 나를 알지 못하느냐 나를 본 자는 아버지를 보았거늘 어찌하여 아버지를 보이라 하느냐(요한복음 14:9)"고 힐책한다. 믿음으로 자신을 따르지 않는 제자를 답답한 심정으로 가르치며 믿음을 강조한 것이다. "내 안에 아버지가 있고 아버지 안에 내가 거한다는 것을 왜 믿지 않느냐. 나의 이르는 말은 아버지가 내 안에서 그의 일을 하는 것이다(요한복음 14:10)"라고 설명하면서, 아버지와의 하나됨을 강조한다. 예수님에게 있어서 믿음이란 하나님과의 하나됨(연합)에 들어가는 것이다. 우리가 온전히 하나님 안에 들어가고(자신의 삶을 하나님께 위탁하고) 또 하나님이 우리 안에 영으로 임재하는 것(성령의 충만함)을 말한다.

그러므로 인생의 최고의 가치는 하나님과 하나되는 믿음을 체험하는 것이다. 그 체험을 통해서 하나님은 우리를 향해 당신의 뜻을 펼치신다. 이 믿음의 체험을 한 사람들이 주님께 영향을 받고, 그 영향으로 또 다른 사람에게 영향을 끼치고, 경건의 삶을 전수해, 결국 하나님의 나라를 이 땅에 실현시키는 것, 그것을 우리는 '영적 멘토링'이라 한다. 흔히 생각하기를, 영적 멘토링은 목회자나 몇몇 사역자들을 위해 존재하는 것이라고 생각하는 경향이 있다. 그러나 그렇지 않다. 그것은 성숙하고 발전적이며, 변화를 도모하는 모든 그리스도인들에게 필요한 사역이고 삶이다. 보다 더 나은 인생의 보람된 삶, 그리고 가치 있는 인생을 살고자 하는 모든 사람들에게 멘토링은 필수요건이다. 따라서 우리는 나의 미래를 위해 그 누구를 나의 영적 멘토로 만나야 한다.

'멘토^{mentor}'라는 말은 그리스 신화에서 유래한 용어로, '가르침을 주는 훌륭한 선생'이란 뜻이다. 그리스 신화에 나오는 오디세우스가 트로이 전쟁에 출정하며 아들 텔레마코스를 절친한 친구인 멘토르^{Mentor}에게 맡긴다. 그는 오디세우스가 돌아올 때까지 아들의 친구, 선생, 조언자, 아버지 역할을 하며 잘 돌봐주었다. 그 후로 멘토르는 지혜와 신뢰로 인생을 이끌어주는 지도자라는 의미를 갖게 됐다. 멘토르는 어린 텔레마코스에게 책만 가르치는 것이 아니라 세상의 지혜를 얻게 하는 데도 책임을 지고 있었다. 그의 과제는 지성뿐만 아니라 영혼의 교육을, 단순한 정보가 아니라 지혜의 교육을 제공하는 것이었다.

요즘 우리나라 기업에서도 이 개념이 활발히 이용되고 있는데, 회사나 업무에 대한 풍부한 경험과 전문 지식을 갖고 있는 사람이 신입

사원들을 일대일로 전담하여 지도, 코치, 조언하면서 실력과 잠재력을 계발, 성장할 수 있게 한다. 이 개념은 교회에서도 사용되고 있는데, '사랑의 띠'라는 용어로 새 신자를 위해 사용하고 있다. 그러나 이 개념은 새 신자만이 아니라, 모든 성도들이 거미줄처럼 엮어져서 서로간에 믿음으로 교통해야 한다. 그러니까 멘토는 우리의 고통을 함께 나누고 우리의 성공을 진심으로 기뻐해줄 수 있는 사람이어야 한다. 그래서 우리를 깊이 사랑하고 우리의 무한한 잠재력을 볼 수 있으며 우리를 격려하고 필요할 때에 바로 잡아주며 인생에 대하여 사심 없이 가르쳐주는, 인생의 참된 친구가 되어주는 사람이다. 그러므로 죽었을 때 체면과 시간을 생각하지 않고 목놓아 울 수 있는 그런 사람이어야 한다. 우리는 적어도 이런 사람 한 사람만이라도 찾을 수 있어야 하겠다. 한번 생각해보자. 우리가 이런 사람이 한 사람이라도 있는가?

바울은 이러한 사람을 "우리를 본받게 하는 사람(데살로니가후서 3:9)"이라고 표현했다. 분명 우리의 인생에 있어서, 우리가 본받아야 할 사람을 만난다면 얼마나 행운인가? 그것은 축복이다. 이런 의미에서 우리의 길이 되고, 진리가 되시고, 생명이 되시는 예수 그리스도. 그분이 여러분의 영적 멘토가 되어야겠다. 만일 그것이 어려우면 믿음의 공동체인 교회에서 영적 멘토를 찾아보라. 분명 하나님께서는 우리에게 행운을 주실 것이다.

유대인의 탈무드에 이런 이야기가 있다. "어리석은 사람은 자녀들에게 재산을 남기고, 양식 있는 사람은 자녀들에게 지식을 남기고, 지혜로운 부모들은 자녀들에게 신앙을 남긴다." 이러한 신앙으로 산 사람 가운데 하나가 미국의 백화점 왕 존 워너 메이커John Wanamaker다. 그는 대통령으로부터 체신부장관직을 제의받았을 때, "나는 교회학교 교사라, 이 일을 무엇보다 소중하게 생각하기 때문에, 만약 장관직을 맡아서 내 아이들을 가르치지 못한다면 나는 절대로 장관직을 맡지 않겠습니다"라는 서신을 보냈다. 그러자 대통령은 교회학교 교사직을 수행할 수 있도록 도와주겠다고 약속했고, 그제야 그는 장관직을 수락했다. 그는 매주 토요일이면 자기 본 교회 교회학교 교사직을 수행하기 위해 워싱턴에서 필라델피아까지 비행기를 타고 고향으로 내려왔다고 한다. 워너메이커는 말하기를, "교회학교 교사직은 내가 평생 동안 해야 할 본업이고, 체신부장관직은 한두 해 하다가 그만둘 부업이다"라고 했다.

우리에게 이런 믿음의 사람이 있는가? 우리에게 영적 멘토는 있는가를 다시 한 번 생각해보자. 아직 영적 멘토가 없다면, 구하라. 그러면 하나님께서 주실 것이요, 찾으라. 그러면 찾아질 것이다. 예수님을 닮기 위해서는 반드시 이런 멘토들과 함께하는 삶이 있어야 한다.

예수닮기_적용하기

1. 내 삶의 영적 멘토가 있다면 누구이며 그와의 만남을 통해 배우는 것은 무엇인가?

2. 내가 누군가의 영적 멘토가 된다면 나의 무엇을 멘티에게 주고 싶은가?

#9

흔적의 삶

사람은 누구나 이런저런 흔적을 지니고 산다. 몸에 새겨진 다친 상처의 흔적, 수술의 흔적, 인간관계 속에서 받은 마음의 상흔 등 여러 가지다. 이런 흔적들은 자신에게 있어서 슬프고 부끄러운 것인지, 아니면 기쁘고 자랑스러운 것인지의 차이가 있다. 우리들에게 가장 자랑스러운 흔적은 무엇인가? 그것이 예수님의 흔적이면 좋겠다.

초대 기독교 역사에 전해지는 이야기다. 주후 325년 콘스탄티누스 대제에 의해 소집된 니케아 종교회의 때 모인 사제의 수는 약 300여 명 정도였다. 그런데 그 회의에 참석한 대부분은, 오른 눈이 뽑힌 사람, 양손이 다 잘린 사람, 두 다리가 잘린 사람들이었다. 로마의 기독교 박해 때에, 주님의 복음을 전하다 잡혀가서 고문을 당한 결과로, 눈이 뽑히고 팔과 다리를 잘린 것이다. 그때 성찬식을 집례했던 한 감독이 이렇게 말했다. "여러분! 우리 모두는 주님을 위해 박해를 받다가 온몸이 이렇게 되었습니다. 이것은 고난의 흔적이요, 주님을 향한 사랑의 흔적이요, 주님 앞에서 칭찬받을 가장 영광스런 흔적입니다." 그들은 자신의 몸에 새겨진 흔적들이 주님을 위한 자랑스러운 것이라 믿었다.

'흔적'이란 말은 헬라어로, '스티그마'다. 이 단어의 배경을 살펴보면, 당시 노예가 많아서 주인은 그들이 도망가지 못하도록 쇠사슬에 묶어놓았다. 그런데도 때로 이 노예들은 도망을 치곤 했다. 그래서 한번 도망친 노예를 붙잡으면 몸에 낙인을 찍었다. 도망을 가도 아무 소용이 없게 만든 것이다. 왜냐하면 그들의 몸에 종이라는 표시가 있기 때문이다. 이 표시가 바로 '스티그마' – '흔적'이다.

이런 점에서, 흔적이 몸에 새겨졌다는 것은 자기의 존재감이 완전히 사라지고, 영원한 주인의 소유물이 되었다는 뜻이다. 그런데 신약성경 갈라디아서를 보면, 사도 바울이 이 부끄러운 흔적(스티그마)을 영광으로 받아들인다고 말했다. 그가 자신에게 있는 예수의 흔적을 자랑스럽게 여긴 배경은, "십자가 외에 자랑할 것이 없기 때문(갈 6:14)"이었다. 즉, 십자가의 관점에서 볼 때, 자신의 고난의 흔적과 희생은 영광스러운 것이라는 말이다. 지금 우리 몸에 예수님의 흔적(마크)이 있다는 것은 지금부터 우리가 예수님의 것이 되었다는 의미다. 따라서 크리스천들에게 있어서, 예수님의 흔적은 가장 중요한 신앙의 표지sign다. '나는 예수의 종이요, 그의 소유물로서, 사나 죽으나 주의 것이라'는 뜻이다. 우리가 땅에 살고 있으나 하늘의 시민권을 가진 자요, 세상에 살고 있으나 세상 사람들과는 삶의 목적이 다른 존재라는 고백이다.

하나님께서는 우리를 사랑하신다는 증거로 지워지지 않는 예수님의 흔적을 우리에게 주셨다. 그것은 예수 그리스도가 우리를 대신해서 죽으셨다는 것이다. 어느 누가 자기의 아들을 조건 없이 죽음에 내어줄 수 있겠나? 하나님께서는 아무 대가 없이 우리를 위해 자기 아들을 내어주셨다. 그것이 우리를 향한 하나님 사랑의 '스티그마'다.

일반적으로 사람들은 몸에 문신을 새기는 것을 그리 좋아하지 않는다. 그러나 문신을 새기는 것을 자랑으로 여기는 사람들이 있다. 조직폭력배들이다(요즘 젊은이들은 온몸에 다양한 문신을 하며, 그것을 자랑으로 여긴다. 시대의 변화상이다). 그들은 자기가 속한 조직의 일원임을 보여주고, 조직에 충성됨을 보여주기 위해 몸에 문신을 새긴다(조폭과 아줌마의 공통점 소개: 1. 문신을 새긴다. 2. 몰려다닌다. 3. 목욕탕에서 자주 만난다. 4. 칼질을 잘한다. 5. 형님이라 부른다. 6. 돈을 만진다). 그렇듯이, 오늘 예수를 믿는 우리들은 그리스도에 속해 있음과 그에 대한 충성을 보여주기 위해, 예수의 흔적을 지녀야 한다. 다시 말해서, '내 안에 그리스도 예수가 사는 것'이라고 말해야 한다는 것이다. 우리가 훗날에 하늘나라에 간다면, 하나님께서 제일 먼저 보시는 것이 무엇일까? 우리 몸에 남아 있는 예수님의 흔적일 것이다.

중세의 성자였던 성 프란시스코는 주님의 사랑을 깊이 묵상할 때,

양손과 허리에 주님이 받았던 못 자국과 창 자국이 생겼다고 교회사에 전해지고 있다. 중요한 것은 그리스도의 흔적이 그리스도인 모두에게서 찾아지고 새겨져야 한다는 사실이다. 물론 우리가 프란시스코처럼 되지는 못하겠지만, 그래도 우리 안에 예수님의 사랑의 흔적이 아로새겨지는 경험이 있어야 한다.

결국, 이러한 예수님의 흔적은 곧 교회의 사랑과 복음 전도의 사랑으로 나타난다. 그것은 우리에게 주어진 모든 일에 대한 충성과 열정 안에서 이루어진다. 많은 믿음의 선배들을 통해, 그들 몸에 새겨진 이러한 예수 그리스도의 흔적은 지금 우리 안에서 복음의 은혜를 누리는 가운데 나타난다. 그래서 우리는 이러한 기도가 드려져야 하겠다. "십자가의 사랑을 보여주신 주님! 우리의 영혼의 불순물을 제거하여 주기를 원합니다. 우리의 변질된 믿음 생활이 다시금 생명력을 가지게 하옵소서! 사도 바울처럼, 십자가의 사랑에 감동하여 주님을 사랑하며 살게 하옵소서! 우리 몸에 예수님의 흔적이 새겨지게 하소서!"

이러한 예수님의 흔적을 새기기 위해, 애쓰고 기도하는 사람도 많다. 기쁨으로 그들을 축복하기를 원한다. 사도 바울은 이 예수님의 흔적을 지님으로 말미암아, 그동안 참 많았던 그의 자랑거리들을 덧없는 것이요, 헛된 것으로, 그래서 배설물로 여기어 다 내버렸다고 했다. 그에게 남은 것은 오직 십자가-십자가만이 그의 자랑거리였다. 그는 "행복이란 누가 더 많은 것을 가졌는가에 달려 있는 것이 아니라, 누가 자신의 모습에 더 만족하는가에 달려 있다"라는 진리를 깨달은 사람이었다. 그래서 바울은 다음과 같이 강조했다.

> 이후로는 누구든지 나를 괴롭게 하지 말라 내가 내 몸에 예수의 흔적을 지니고 있노라(갈라디아서 6:17)

사도 바울의 이러한 복음의 진수를 요한복음에서는 한 문장으로 요약했다. "한 알의 밀이 땅에 떨어져 죽지 아니하면 한 알 그대로 있고 죽으면 많은 열매를 맺느니라(요한복음 12:24)

예수님의 흔적을 마음속에 간직한다는 것은, 마치 한 알의 밀이 땅에 떨어져 죽은 것과 같다는 말이다. 즉, 그리스도의 십자가 신앙이 없이는 구원이 임할 수 없다는 "복음의 생명"을 증거하는 것이다. 우리가 '삶의 자리 Sitz im Leben'에서 자기 교만에 빠지면, 그때 복음은 생명력을 잃고 또한 우리의 몸이 되는 교회의 성장은 멈추고 정체된다. 따라서 우리가 세상의 욕심과 정욕을 십자가에 못 박아야 사랑과 평화, 겸손과 희생이라는 성령의 열매가 풍성히 맺힌다.

그러므로 세상 것에 너무 집착하며 살지 말라. 한 알의 밀알처럼, 기꺼이 땅에 떨어져 죽음으로써 부활과 영생을 얻게 될 것이다. 예수님의 흔적을 마음에 새기고 밀알처럼 살았던 많은 믿음의 선배들 중에, 우리 한국 교회 역사 속에 남아 있는 인물로, 주기철 목사님을 들 수 있다. 그는 자기 희생을 통한 신앙 실천을 강조함으로써, 신앙의 실천과 독립 정신을 고취해, 일제의 신사참배 강요를 거부한 분이었다. 그에 따르면, 예수님의 삶 전체는 남을 위한 희생이다. 세상 사람은 남을 희생시켜 자기의 이익을 도모하지만, 예수님은 자기를 희생해서 남을 구원하는 일, 곧 한 알의 밀알이 되어 땅에 떨어져 죽는 것을 택한다. 여기에 '생명의 신비'의 역설이 있다. 예수님을 닮기를 원하는 모든 사람들은 예수님의 흔적을 남기는 삶을 사는 사람들이다.

예수닮기_적용하기

1. 최근 내 안에 예수의 흔적을 발견한 적이 있다면 언제 어디에서 발견했나?
2. 만약 오늘 세상을 떠난다면 예수의 흔적 중 어떤 흔적을 남기고 싶은가?

#10

사랑하는 삶

언젠가 프랑스의 한 기자가 시라크 대통령에게 이런 질문을 했다. "대통령님은 우리 나라에서 어떤 사람을 중산층이라고 생각하십니까?" 그때 대통령은 이렇게 답변했다. "적어도 프랑스의 중산층이라면 우선 하루에 적당량의 운동을 할 것, 또 한 달에 서너 권의 전문 분야나 교양 서적을 읽을 것, 여기에 더하여 한 가지 이상의 악기, 그리고 한 가지 이상의 요리를 할 수 있을 것. 그래서 최소한 이 정도의 지적 수준과 건강, 교양을 갖추어야 명색이 프랑스의 중산층이라고 말할 수 있지 않을까요?" 즉, 중산층의 의미를 단순히 소득이나 직업, 학력과 같은 물질적이고 양적인 측면보다는, 교양적이고 질적인 측면을 기준으로 규정한 것이다.

그렇다면 우리 믿음 생활에서 이와 비슷한 질문을 한다면 어떠한 답이 나올까? 올바른 성도로서, 완전한 그리스도인으로서, 참된 제자로서, 우리가 살아가는 삶의 표준은 무엇일까? 우리 각자는 나름대로 생각하는 기준을 제시할 수 있을 것이다. 하지만 예수님께서는 전혀 다른, 그리고 비교도 되지 않을 만큼 구체적이고도 차원 높은 기준을 제시한다. 즉, "서로 사랑하는 자. 그것도 내가 너희를 사랑하는 것 같이 사랑하는 자"라고 말씀하신다. 일방통행적인 사랑은 완성된 사랑이 아니다. 상호간의 사랑을 통해 사랑은 완성된다. 그렇다면 이러한 기준으로 볼 때 과연 우리는 스스로를 그리스도의 참된 제자로서 서로 사랑하는 삶을 살고 있는가?

예수님께서는 요한복음에서 "새 계명을 너희에게 주노니 서로 사랑하라(요한복음 13:34)"고 하셨다. 그러니까 "서로 사랑하는 일"은 새 계명을 받는 일이라는 뜻이다. 여기서 '새로운'으로 번역된 '카이노스 카이넨'는 '쓰지 않은, 알려지지 않은, 놀라운' 등의 뜻을 갖는다. 이 말은 시간적으로 최근의 것을 뜻하는 '네오스새로움'보다는, 질적으로 새로워지기, 전혀 써보지 않음 등을 뜻한다.

예수님이 말씀하시는 '사랑함'은 결코 낯선 계명이 아니다. "이웃 사랑하기를 네 몸같이 하라"는 계명은 이미 율법에 명시되어 있었다. 그런데도, 예수님은 왜 그것을 새 계명이라고 했을까? 이웃을 자기 몸과 같이 사랑하라는 옛 계명은 인간의 자기 사랑을 사랑의 기준으로 삼은 것으로서, 지극히 조건적이고 제한적인 계명이다. 반면에, 새 계명은 자기 한계와 조건을 뛰어넘는 사랑을 그 대상으로 포함시키는 것이며, 또한 완전한 자기 희생까지도 전제로 하는 진실한 사랑을 포함시키는 계명이다.

그래서 예수님은 "서로 사랑하라"는 말씀 앞에 "내가 너희를 사랑한 것 같이"라는 전제를 둠으로써, 사랑의 척도를 제시했다. "~ 한 것 같이"의 원어, "카도스"는 우리가 몸소 실천해야 할 사랑의 기준을 말하는 것이다. 즉 예수께서 우리를 사랑하신 그 질과 분량과 방법을 설명한다. 그것이 바로 우리가 힘써 실행해야 할 사랑의 모델이라는 것이다. 사랑은 이론도 아니고 개념도 아니다. 그것은 실천이다. 실천이 따르지 않는 사랑은 궤변이나 말장난에 불과하다. 에리히 프롬Eric Fromm은 그의 책,《사랑의 기술》에서 사랑의 실천적 삶을 5가지로 정의했다. 첫째, 관심을 갖는 일. 둘째, 존경하는 일. 셋째, 이해하는 일. 넷째, 책임을 지는 일. 다섯째, 주는 일이다.

세상이 교회와 우리 그리스도인을 인정하는 때는 언제인가? 우리 안에 사랑이 충만해서, 사랑의 섬김, 사랑의 나눔, 사랑의 희생을 세상 속에서 실천할 때이다. 반대로, 세상이 교회와 우리를 비난하고 손가락질 할 때는 언제인가? 바로 그 사랑을 잃어버리고 물질화, 세속화되었을 때이다. 이 사랑을 잃어버리면 뻔한 결과가 나타난다. 서로 질시하고 미워하고 분쟁한다. 그러니 세상에 대해서 무엇을 할 수 있겠는가?

그러므로, 헨리 나우웬Henri J.M. Nouwen의 말처럼, 사랑은 "옮김"이 있어야 한다. "옮겨감"이 없이는 사랑이 사랑되지 않는다. 예수님은 우리를 너무 사랑하시어, 하늘에서 땅으로 옮겼다. 하늘 영광 보좌에서 낮은 마구간으로 옮겨오셨다. 주인의 자리에서 종의 자리로 옮기셨다. 빛난 면류관을 벗어버리고 가시면류관을 쓰신 자리로 옮기셨다. 나귀 등에서 내려 십자가를 지고 골고다로 옮기셨다. 십자가에 죽어 무덤으로 옮기셨다. 그리고 무덤에서 옮겨 영광스럽게 부활 승천하셨다.

마찬가지로, 우리의 사랑도 옮겨져야 한다. 내가 사랑할 사람에게 나를 옮겨주어야 한다. 내 마음이 옮겨가야 하고 내 정성이 옮겨가야 하고, 내 교만이 겸손으로 옮겨가야 한다. 강한 자의 강함이 약한 자를 섬기는 것으로 옮겨가야 하고, 부한 자의 부가 가난한 자를 섬기는 것으로 옮겨가야 하고, 배운 자의 배움이 못 배운 자에게로 옮겨가야 하고, 어른의 때묻음이 어린아이의 순수함으로 옮겨가야 한다. 그때, 진정한 사랑이 완성된다.

우리가 세상 속에서 예수님의 제자된 모습을 확실하게 각인시키는 방법은 바로 예수 그리스도의 '옮김'을 그대로 실천하는 것이다. 그래서 참된 제자됨은, "너희가 서로 사랑하면 너희가 내 제자인 줄 알리라(요한복음 13:35)"는 말 속에서 찾아진다. 제자란 배우고 훈련을 받는 사람 disciple 이라는 것과, 본받고 뒤따르는 사람 follower 이라는 것이다. 그리고 제자됨의 진정한 표지 trade-mark 는 그 의미와 함께 '서로 사랑하는 일'이다. 우리는 항상 우리 자신이 진정 하나님의 거룩한 백성이요, 그리스도의 참 제자라는 표지를 가지고, 서로 사랑하며 살아가고 있는지를 점검하면서 살아야 한다.

신약성경 요한복음을 보면, 주님께서는 '서로 사랑하는' 그리스도의 제자인 우리를 종이라 하지 않고 '친구'라 하겠다고 말씀하신다 (요한복음 15:15). 제자가 된다는 것은 주님과 '친구'가 되는 것이다. 친구가 된다는 것은 우정을 지킨다는 말이다. 주님에 대한 우리의 우정을 지키는 것은 우리 신앙의 근본을 지키는 것과 같다. 우리가 친구에 대해 끝까지 신뢰하고 늘 함께하는 것은 다른 이유가 없다. 단지 친구이기 때문이다.

주님과의 관계도 주님과의 우정, 친분을 계속해서 지켜나가면 된다. 그러면 내가 주님과의 친구가 되는 것이다. 그때 비로소 세상 안에서 그리스도와 교회의 능력이 나타나고 세워진다. 세상이 우리 그리스도인들을 향해 "당신은 누구냐"고 물을 때, 우리 교회를 향해 "교회가 무엇이냐"라고 물을 때, "나는 그리스도의 사랑을 닮은 사랑의 사람이요", "우리 교회는 그리스도의 사랑으로 충만한 공동체요"라고 말할 수 있어야 한다. 주님께서 우리를 택하고 부르시어 제자와 사도로 세워주신 이유는 궁극적으로 과실을 많이 맺게 하기 위함이다. "너희가 열매를 많이 맺히면 내 아버지께서 영광을 받으실 것이요 너희가 내 제자가 되리라(요한복음 15:8)". 우리가 예수를 닮으며 살아가려는 이유 자체가 바로 여기에 있다.

 예수닮기_적용하기

1. 내가 지금 가장 사랑하는 것은 무엇인가?
2. 주님께 받은 사랑을 다른 이에게 옮기는 데 방해가 되는 것은 무엇인가?

03

기쁨의 영성

#1
만남의 삶

우리들의 삶은 만남으로 이루어진다. 누구와 만나느냐, 어떤 일을 만나느냐에 따라 삶이 결정된다. 그런데 이 만남 속에는 좋은 만남이 있는가 하면 잘못된 만남도 있다. 우리는 주변에서 이 잘못된 만남 때문에 힘들어 하는 많은 사람들을 본다. 우리는 어떤 만남으로 살아가고 있는가?

인생은 세상에 나면서 세 가지 복을 타고나야 한다고 말한다. 첫째, 부모를 잘 만나는 축복. 두 번째는 스승을 잘 만나는 축복. 셋째는 배우자를 잘 만나는 축복이다. 그래서 이 만남이 잘된 사람은 인생을 즐겁고 행복하게 살 수가 있다. 그러나 이것이 잘못된 사람은 불행과 갈등으로 평생을 살게 된다. 정채봉 시인이 쓴, 〈가장 아름다운 만남〉이라는 시를 보자.

가장 잘못된 만남은 생선과 같은 만남이다. 만날수록 비린내가 묻어 나니까

가장 조심해야 할 만남은 꽃송이 같은 만남이다. 피어 있을 때는 환호하다가 시들면 버리니까.

가장 비천한 만남은 건전지와 같은 만남이다. 힘이 있을 때는 간수하고 힘이 다 닳았을 때는 던져 버리니까

가장 시간이 아까운 만남은 지우개와 같은 만남이다. 금방의 만남이 순식간에 지워져 버리니까

가장 아름다운 만남은 손수건과 같은 만남이다. 힘이 들 때는 땀을 닦아주고 슬플 때는 눈물을 닦아주니까

우리는 지금 이 가운데서 어떤 만남을 갖고 있는가? 가장 아름다운 만남을 하고 계신가? 사람의 만남에는 꼭 만나야 할 사람이 있고, 만날까 말까 하는 사람이 있고, 아주 만나서는 안 될 사람도 있다. 우리는 만날까 말까 하는 사람, 혹은 만나서는 안 될 사람이 아니라 꼭 만나야 할 사람이 되어야 한다. 그러한 만남 안에서 축복을 누리게 된다.

구약성경 창세기에 보면, 애굽의 바로 왕은 감옥에 있던 보잘것없는 죄수 요셉을 만남으로써, 자신이 꾼 꿈을 해몽하게 되었고, 잃을 뻔했던 축복의 기회를 붙잡을 수 있었다. 그는 요셉을 총리대신으로 임명해서 7년 흉년에 풍족함을 누리며 부강한 나라로 명성을 떨치는 왕이 되었다. 또 열왕기하에 보면, 아람의 군대 장관이던 나아만 장군

이 문둥병에 걸린 사건이 나온다. 그는 아내의 몸종인 이스라엘 소녀를 만남으로써, "엘리사 선지자를 만나면 깨끗하게 나음을 받으리라"는 복음의 소리, 기쁨과 희망의 소리를 전해 듣는다. 그리고 요단강에 일곱 번 몸을 담근 후, 깨끗하게 되는 기적을 체험한다. 그는 보잘것없는 한 소녀를 통해서 육의 축복을 받았고, 또 주의 종 엘리사를 만나 영의 축복까지도 누렸다.

신약성경에는 여리고로 내려가다가 강도 만난 사람의 이야기가 나온다. 그는 옷이 찢기고 맞아 피투성이가 되었을 뿐 아니라, 길가에 버려져 다 죽게 되었을 때, 제사장도, 레위인도 아닌 선한 사마리아 사람을 만남으로써, 새 생명을 얻게 되었다. 또 세리장 삭개오는 어떠했나? 뽕나무에 올라가 예수님을 바라만 보았던 그가 스스로 올라갔던 뽕나무에서 내려와 예수님을 직접 만남으로써, 삶의 놀라운 변화를 일으켰다. 토색하는 자라는 욕을 많이 들으며 부끄러운 삶을 살았지만, 예수님을 만난 후, 은혜를 베푸는 사람, 인정받는 의인이 되었다. 이 모두가 좋은 만남의 축복을 누린 결과이다.

진정한 만남은 영혼의 감동이 있어야 한다. 그렇지 않으면 그건 만남이 아니라 한때의 스쳐 지나친 마주침이다. 우연히 만나 우연으로 끝나면, 그것은 마주침이다. 우리는 그것을 '크로노스^{chronos}의 만남'이라고 한다. 우연처럼 만났으나 필연으로 이어질 때, 진정한 만남을 경험하는 것이다. 그 필연은 그냥 이뤄지는 것이 아니고, 남이 가져다주는 것도 아니다. 오랜 자기 준비와 기다림 끝에 오는 것이다. 그래서 좋은 만남은 필연이며, 새로운 역사가 펼쳐지는 위대한 창조의 순간이다. 우리는 그것을 '카이로스kairos의 만남'이라고 말한다.

그런 만남을 위해서는 자기 자신을 끊임없이 가꾸고 다스려야 한다. "정원과 가정은 가꿀수록 아름답다"라는 말이 있듯이, 만남도 그렇다. 우리의 만남이 축복과 풍성한 열매를 맺는 만남으로 성장하기 위해서는 정성스럽게 가꾸어야 한다. 우리의 만남이 단순한 만남이 아니라 목적 있는 만남이 되어야 하고, 하나님의 영광을 드러내는 만남이 되어야 한다. "저 사람은 만나지 않았더라면…" 하는 만남 속에서도 우리는 하나님의 섭리, 손길을 바라볼 수 있어야 한다.

그러므로 우리의 만남을 어떤 형태로든지 '하나님의 바람' 안에서 찾으라. 아무리 아름다운 정원일지라도, 가꾸지 않은 정원은 이미 정원이 아니다. 단지 잡초만 무성할 뿐이다. 정원은 가꿀수록 아름답다. 씨앗을 뿌리면서 아름다운 꽃동산을 보는 그런 사람이 훌륭한 정원사다. 거제도 애광원의 김임순 장로님은 65년 전 전쟁고아 7명을 맡아 키우면서, 하나님의 축복 안에서 에덴동산을 바라보았고, 오늘의 애광원 동산을 이룩하셨다. 그의 마음 깊은 곳에는 예수님과의 만남의 축복이 있었던 것이다. 좋은 만남은 축복의 삶으로 이어진다.

신약성경 누가복음 5장을 보라. 예수님을 만난 베드로와 나병 들린 사람 모두가 삶의 변화를 일으켰다. 베드로는 평범한 갈릴리 어부였다. 그런데 그런 베드로의 인생이 어느 날 완전히 바뀌었다. 누군가와의 만남이 그의 인생을 물고기 낚는 인생에서 사람 낚는 인생으로, 세계의 역사를 바꾸어놓는 삶이 되었다. 누구와의 만남 때문인가? 바로 예수님과의 만남 때문이다. 그는 자신이 고기 잡는 일에는 베테랑이라고 생각했기에, "깊은 데로 가서 그물을 내리라"는 예수님의 조언에 시큰둥했을지 모른다. 그러나 그는 "말씀에 의지하여 내가 그물을 내리리이다"고 함으로써, 주님과의 만남을 귀하게 여겼다. 그랬더니 그물이 찢어지는 놀라운 기적적인 일이 일어났다.

또 한 나병 환자는 주님께 나아와서 "주님께서 원하시면 나를 깨끗하게 하실 수 있나이다"고 모든 것을 주님 손에 '전적 위탁'을 했다. 그는 주님과의 만남의 배후에 하나님의 손길이 있다고 믿었다. 결과적으로, 그의 나병은 깨끗하게 치유되었다. 그렇다. 우리에게는 우리의 인생을 바꾸는 만남이 반드시 있다. 누구와의 만남인가? 바로 예수님과의 만남이다. 예수님과의 참된 만남은 우리 인생을 바꾸어놓는다. 좋은 사람과의 만남도 중요하고 좋은 학교, 좋은 스승과의 만남도 중요하지만 예수님과의 만남보다 더 중요한 것은 없다. 왜 그런가? 그분이 바로 그리스도, 곧 우리의 구원자이기 때문이다.

그러므로 주님과의 만남의 축복을 누려라. 이 만남의 배후에는 하나님의 섭리의 손길이 있다. 이 만남은 어쩌다가 우연히 이루어지는 것이 아니고, 하나님의 섭리이며 하나님의 계획이다. 이것을 믿고 고백하며 사는 것이 바로 '믿음의 삶'이다. 우리가 주님과의 열매 맺는 만남이 되기 위해서는, 하나님의 뜻을 깨달을 수 있어야 한다. 따라서 좋은 만남을 구하라. 그리고 이미 주어진 만남을 아름답게 가꾸라. 그리하면 하나님의 은혜는 셀 수 없을 만큼 충만하게 채워질 것이다. 예수님을 닮는 사람들은 이 축복의 만남을 통해 하나님의 뜻을 깨닫는다.

비록 몸은 뒤틀려서 비정상적인 활동을 하지만, '예수'라는 소리만 들어도 기뻐 나와 춤추며 찬양하는 애광원의 장애아들은 예수님에게서 참된 구원의 음성을 들은 자들이다.

예수닮기_적용하기

1. 지금 나는 누군가의 손수건이 되어주는가?
2. 주님을 만나는 나만의 방법이 있다면 무엇인가?

#2

깨어짐의 삶

한 늙은 수도사가 좀 건방지고 교만한 젊은 수도사를 가르치게 되었다. 늙은 수도사는 딱딱한 흙덩어리를 만지면서 젊은 수도사에게 말했다. "여보게, 여기 딱딱한 흙덩이에 물을 붓게!" 젊은 수도사는 스승의 분부대로 돌처럼 딱딱한 흙에 물을 부었다. 그런데 물이 흙으로 스며들지 않고 그냥 옆으로 흘러내리고 말았다. 늙은 수도사가 젊은 수도사에게 말했다. "이렇게 딱딱한 흙은 물을 받아들이지 못하네"라고 말하면서 옆에 있는 망치로 그 딱딱한 흙덩이를 부수었다. 그리고 젊은 수도사에게 다시 물을 부으라고 했다. 젊은 수도사는 부서져서 부드러워진 흙에 물을 부었다. 부드러운 흙에 물이 스며들어 말랑말랑한 흙덩이가 되었다. 늙은 수도사가 웃으면서 말했다. "여기에 말이야, 씨를 뿌리면 틀림없이 싹이 나고 꽃을 피우고 열매를 맺을 것이 아닌가? 우리 수도원에서 수도하는 사람들은 이것을 '깨어짐의 영성 법칙'이라고 하네."

예수를 닮아가는 삶의 특징은 바로 이 '깨어짐'의 영성에 있다. 내가 깨지고 부서질 때 하나님께서 기뻐하시는 사랑, 희락, 화평, 온유 등과 같은 성령의 아홉 가지 열매를 맺게 된다. 깨어짐의 삶은 내 안에서 영이 다시 살아나고 열매 맺는 것을 의미한다. 육이 부서지지 않으면 영은 죽는다. 그릇은 깨지면 버리게 되지만, 육이 깨지면 영이 살아나게 된다. 에스겔 선지자도 유다 민족의 멸망을 바라보면서 슬퍼했다. 그때 선지자가 백성들에게 외침은 그들의 마음에 새 영을 간직하라는 것이었다. 그리하면 하나님께서는 지난날의 죄악을 용서하시고 새로운 관계 회복을 하신다는 것이다. 이런 의미에서 '깨어짐'이란 신학적 용어로 철저한 '내려놓음' 혹은 '회심의 과정'을 뜻한다.

《천로역정》의 저자인 존 번연John Bunyan은 주일이면 교회에 나가는 사람이었지만, 마음에 감동도, 기쁨도 없고 하나님 말씀에 대한 분명한 확신도 없었다. 예배는 그에게 형식이었다. 그러던 어느 날 "왜 나에게는 확신도 없고 기쁨도 없는 것일까?"라고 진지하게 고민하기 시작했다. 그가 고민하던 가운데 밭과 씨앗에 관한 예수님의 말씀이 마음속에 들어왔다. 말씀을 통해 그는 자신이 지금까지 길가와 같은 마음 밭의 소유자이었음을 깨달았다. 교회에 나와 앉아 있었고 예배는 드린다고 했지만, 하나님의 말씀이 하나도 들려오지 않았음을 철저하게 깨달은 것이다. 그래서 그는 외쳤다. "하나님 저도 좋은 밭이 되고 싶습니다." 한마디로 깨어짐의 삶을 추구하기 위한 외침이었다.

신약성경 마태복음의 말씀을 보면, '좋은 밭'은 개역 성경에서는 '옥토'라고 번역한다. 옥토는 토양이 좋고, 거기에는 많은 영양분이 함유되어 있다. 이미 씨앗을 품을 준비가 되어 있다. 우리가 옥토가 되어 열매를 맺기 위해서는, 먼저 말씀을 들을 준비를 해야 한다. 목사가 설교하기 위해서 말씀을 준비하는 것처럼, 말씀을 듣는 우리도 말씀을 들을 준비가 있어야 한다. 준비를 하지 않으면 우리 마음의 밭이 옥토가 될 수 없다. 말씀을 듣기 위해서는, 편안함을 추구하는 육신의 돌멩이를 깨트려야 한다. 또 말씀을 가로막는 욕심과 염려의 가시덤불을 걷어내야 한다. 그리고 옛 성품의 묵은 땅도 갈아야 한다.

옥토에 떨어진 말씀의 씨앗이 열매 맺기 위한 다음 단계는 '말씀을 지키는 단계'다. 말씀은 들음에서 끝나지 않는다. 그 말씀이 내 삶 속에서 새롭게 살아나야 한다. 말씀을 듣는 사람은 아주 많다. 그러나 그 말씀을 지키는 사람은 그리 많지 않다. 야고보는 우리에게 이렇게 충고한다. "너희는 도를 행하는 자가 되고, 듣기만 하여 자신을 속이는 자가 되지 말라(야고보서 1:22)". 말씀을 지키는 자가 복된 자이다.

옥토에 떨어진 말씀의 씨앗이 열매 맺기 위한 마지막 단계는 '인내하는 단계'다. 씨앗을 뿌렸다고 바로 열매가 맺히는 것은 아니다. 마찬가지로, 말씀을 듣고 행했다고 해서 우리의 삶에 말씀의 열매가 금방 맺히는 것도 아니다. 인내함으로 기다려야 한다. 30배가 맺힐지, 60배가 맺힐지, 100배가 맺힐지는 아무도 모른다. 다만 우리는 말씀을 듣고 지킨 후에는 열매가 맺힐 때까지 기다려야 한다.

신앙생활은 조급해서는 안 된다. 말씀을 먹고 행하면서 나의 신앙이 조금씩 자라기를 기다리면, 분명 거기에는 열매가 맺힐 것이다. 언제 맺힐지, 얼마나 맺힐지는 우리가 알 수는 없지만, 분명한 사실은 반드시 열매가 맺힌다는 것이다. 그 말씀이 바로 우리의 마음 밭에 뿌려졌기 때문이다. 지금 우리가 어떤 마음 밭이냐에 따라서 그 말씀이 열매를 맺을 수도 있고, 열매 없는 헛된 것이 될 수도 있다. 그러므로 좋은 땅과 같은 마음이 되려면 성령으로 거듭나야 한다. 예수님께서는 "사람이 물과 성령으로 나지 아니하면 하나님 나라에 들어갈 수 없다(요한복음 3:5)"고 말씀하셨다. 성령으로 거듭나 착하고 좋은 마음을 가질 때, 많은 사람들이 주님께로 돌아오게 된다.

사도 바울은 "너희는 하나님의 밭(고린도전서 3:9)"이라고 했다. 씨앗이 아무리 좋아도 밭이 나쁘면 좋은 결실을 기대할 수 없다. 예수 그리스도는 자신이 뿌리신 생명의 씨앗이 우리 영혼과 삶에 풍성한 결실이 되어 맺히기를 간절히 원하신다. 우리가 그리스도의 열매를 맺는 것은 하나님의 은혜에 보답하는 것이다. 우리 모두가 옥토가 되도록 노력하자. 우리의 마음과 생활을 말씀과 성령으로 경작하고 가꾸자.

우리는 '길가와 같이' 생명의 귀한 말씀을 듣지도 믿으려고도 하지 않고 주님을 배격하는 강퍅한 마음을 가져서는 안 된다. 이런 마음을 가진 사람들에게서는 결코 생명의 싹이 움틀 수 없기 때문이다. 또 우리는 '돌짝 밭에 떨어진 씨앗'과 같은 신앙생활을 해서도 안 된다. 그들은 감정주의와 열광주의에 사로잡혀 금세 주님을 찬양하다가 또 마음의 감정에 따라 시험에 빠지곤 한다. 그리고 '가시덤불에 떨어진 씨앗'과 같은 신앙인은 주님을 믿다가 도중하차하는 사람들을 의미한다. 그들의 신앙은 이생의 염려와 재물과 향락에 기운이 막혀 온전히 결실하지 못한다. 그들은 영혼의 구원이 아닌 물질적인 축복을 얻고자 주님을 따랐다가, 주님의 목적을 알고는 낙심해서 주의 길을 포기한 제자들과 같은 사람들이다.

바울 사도는 이렇게 말씀한다. "아무것도 염려하지 말고 오직 모든 일에 기도와 간구로, 너희 구할 것을 감사함으로 하나님께 아뢰라. 그리하면 모든 지각에 뛰어난 하나님의 평강이 그리스도 예수 안에서 너희 마음과 생각을 지키시리라(빌립보서 4:6-7)".

염려와 걱정을 하나님께 다 맡기라. 그리하면 말씀이 우리 안에서 열매를 맺을 수 있다. '깨어짐의 영성 법칙' 속에서 우리 자신의 굳어진 마음, 딱딱해진 마음, 감정에 치우친 마음, 걱정과 염려로 가득 찬 마음을 성령의 권능으로 깨트려야만 한다. 그래야 예수님을 닮으려는 사람들의 마음이 옥토와 같은 마음이 될 수 있다.

 예수닮기_적용하기

1. 내 마음을 굳게 하는 것이 있다면 무엇인가?
2. 굳어진 내 마음을 깨트리기 위해 필요한 것은 무엇인가?

#3

지혜의 삶

우리는 생활 속에서 '튜닝tuning'이란 말을 자주 사용한다. 튜닝이란, 라디오나 TV에서 다이얼을 돌려 주파수를 선택하고 맞추는 일, 자동차의 오래된 엔진을 새롭게 조정하는 일이나 모양을 특별한 형태로 변형시키는 일, 특히 음악에서 연주하기 전에 악기의 음을 표준음에 맞추어 조율, 조절하는 일 등이다. 모든 악기가 연주 전에 반드시 튜닝을 하는 이유는 악기를 그냥 두면 줄이 느슨해지고 음이 맞지 않기 때문이다. 그러므로 악기를 튜닝한다는 것은 연주자가 항상 악기와 함께 연주를 준비한다는 뜻이다. 삶의 튜닝도 마찬가지다. 신앙인들에게 있어서 이러한 삶의 튜닝은 세상을 살면서, 느슨해지고, 부딪히고, 깨어지고, 뒤틀린 삶을 올바른 소리와 행동으로 바꾸어 아름다운 영적인 연주자로 만들어주는 것이다.

그렇다면 우리의 영적 튜닝 spiritual tuning 의 표준은 무엇일까? 바로 하나님의 말씀이다. 하나님의 말씀의 잣대로 우리의 신앙과 삶의 기준은 설정된다. 영적 튜닝을 위해서는 세상의 소리보다는 먼저 하나님의 말씀에 귀를 열어야 하는 것이 중요하다. 왜냐하면 하나님의 말씀은 진리이기 때문이다. 연주 없는 연주자는 참 연주자가 아니듯이, 매일같이 말씀으로 튜닝을 하지 않는 신앙인은 참 신앙인이 아니다.

> 너는 진리의 말씀을 옳게 분별하며 부끄러울 것이 없는 일꾼으로 인정된 자로 자신을 하나님 앞에 드리기를 힘쓰라(디모데후서 2:15)

따라서 우리가 말씀으로 영적 튜닝을 잘하려면 언제나, 조급하게 서두르지 말고 침착하게 준비해야 한다. 겉으로 드러난 높은 건물을 세우기 위해서는 보이지 않는 땅속의 기초공사를 제대로 해야 하는 것과 같다. 건물이 높이 올라갈수록 기초는 땅 밑으로 깊어진다. 빨리 가는 것이 운전 잘하는 것이 아니고, 안전하게 가는 것이 운전을 잘하는 것이다. 그렇듯이, 믿음의 삶은 하나님의 응답을 기다리며 차분이 내 신앙, 즉 영성을 조율하는 삶을 살 때 비로소 가능해진다.

성경은 이 아름답고 멋진 삶을 "지혜의 삶"이라고 가르쳤다. 지혜는 지식과 다른 것이다. 지식은 아는 것의 총량을 의미하지만, 지혜는 지식을 바로 쓰며 범사에 바른 길을 택할 줄 아는 슬기를 의미한다. 그런데 지식은 많은데 미련한 사람이 있는가 하면, 지식은 약간 부족

할지라도 슬기로운 사람도 있다. 성경은 지혜로운 삶을 '여호와를 경외하는 것'이라고 분명하게 가르친다.

탈무드에 나오는 이야기다. 모자라는 아들이 선을 보게 되었다. 아버지는 결혼을 성사시키고 싶어서 "여자를 만나거든 좋은 인상을 심어주어야 해. 좋은 인상을 심으려면 가장 먼저 사랑 이야기, 다음으로 가족 이야기, 그리고 철학 이야기로 마쳐라"고 가르쳤다. 아들은 결혼 상대자를 만나러 가서, 조금 떨리는 목소리로 아버지 말씀을 생각하며 물었다. "당신은 국수를 사랑하나요" 하고 물었다. 여자가 "네"라고 대답하자, 다음으로 "오빠가 있나요"라며 가족 관계를 물었다. "오빠는 없어요"라고 대답하자, 마지막은 철학 이야기임을 기억하고, "만일 당신에게 오빠가 있다면 국수를 얼마나 사랑했을까요"라고 철학적으로 물었다. 여자는 너무도 엉뚱한 질문에 실망하고 떠나가 버렸다. 사람은 배운 지식으로가 아니라, 그때그때 주시는 하나님의 지혜로 살아야 한다는 이야기다.

구약성경에는 다음과 같은 말씀이 나온다.

> 여호와를 경외하는 것이 지혜의 근본이요, 거룩하신 자를 아는 것이 명철이니라(잠언 9:10)

모든 만물이 태양을 중심으로 살 때에 빛을 얻는 것처럼, 우리 인생은 하나님을 경외하면서 살 때에 참된 생명과 삶의 지혜를 얻게 된다.

하나님이 없다고 부인하는 자는 아무리 많이 배웠을지라도 가장 어리석고 미련한 자들이다. 반면에, 아무리 못 배웠어도 하나님을 분명히 알고 말씀을 즐기는 자는 가장 지혜로운 사람이다. 하나님을 알고 그를 경외하며 하나님과 가까이 사는 것은 지혜의 근본이다.

그래서 예수님은 이렇게 말씀하셨다.

> 내 말을 듣고 행하는 자는 그 집을 반석 위에 지은 지혜로운 사람이라(마태복음 7:21)

하나님의 풍성한 지혜는 예수님 안에서 분명하게 존재한다는 뜻이다. 이 세상 살아가면서 진정 지혜로운 사람이 되기를 원하는가? 그러면 매일 성경 말씀을 읽고 그 안에서 예수님의 교훈을 배우라.

영국의 왕 윌리엄 4세가 죽는 날 밤에, 궁중에 있던 한 처녀 아이가 이튿날 왕으로부터 간택을 받았다. 그녀가 바로 빅토리아 여왕이다. 그녀는 왕이 되었다는 소식이 전해지자, 즉시 그 자리에 무릎을 꿇고 성경을 펼쳤다. 그러고는 "주여, 내가 여왕이 되면 하나님의 말씀대로 정치를 하게 해주십시오"라고 기도를 드렸다. 빅토리아 여왕은 모든 것을 하나님의 말씀 안에서 해결했고 기도로 정치를 했다. 어느 날 인도의 왕자 한 사람이 "그렇게 정치를 잘하는 비결이 무엇입니까?"라고 묻자, 성경을 펴들고 "바로 이것입니다"라고 대답했다고 한다. 성경은 능력의 핵심이다. 그래서 능력 있는 크리스천이 되려면 무엇보다도 말씀의 능력을 체험해야 한다.

> 너희 중에 누구든지 지혜가 부족하거든 모든 사람에게 후히 주시고 꾸짖지 아니하시는 하나님께 구하라 그리하면 주시리라(야고보서 1:5)

지금 우리는 하나님께 지혜를 구해야 하는 때에 살고 있다. 특히 혼란한 시대 속에서 올바로 신앙생활을 한다는 것은 결코 쉬운 일이 아니다. 공연히 신앙생활을 올바로 하지 못함으로써, 주님의 날에 미련한 다섯 처녀처럼 책망을 받고 버림을 받는다면, 그처럼 어리석은 일이 어디 있겠나? 하나님께 올바로 삶을 살 수 있는 지혜를 달라고 구한 솔로몬 왕이나 빅토리아 여왕처럼 살아야겠다. 하나님께서는 그런 기도를 기뻐 들으시고 넘치는 은혜를 후히 부어주신다. 다윗을 보라. 죽음을 피해 도망다니면서 사망의 음침한 골짜기에 있을지라도, 주께서 함께하심을 믿었기에 결코 해를 두려워하지 않았다. 그리고 그는 "내 잔이 넘친다"고 고백했다. 그것은 삶의 여건이나 환경이 좋아서가 아니라 그의 믿음 때문이었다.

신약성경에는 다음과 같은 말씀이 나온다.

> 성경은 능히 너로 하여금 그리스도 예수 안에 있는 믿음으로 말미암아 구원에 이르는 지혜가 있게 하느니라(디모데후서 3:15)

우리에게는 예수 그리스도 안에 있는 믿음이 너무나 중요하다. 이 믿음을 통해 구원에 이르게 되는 지혜를 얻을 수 있기 때문이다. 파스칼Blaise Pascal은 하나님과 인간의 관계에 대해, '하나님과 무관한 인생', '하나님을 탐구하는 인생', '하나님을 신뢰하는 인생'이라고 분류했다. 우리는 어떤 부류의 사람인가? 하나님은 탐구의 대상이 아니라 믿음의 대상이다. 하나님을 신뢰하는 사람이 진정 지혜로운 사람이다.

우리는 이것을 후세들에게 확고하게 가르쳐야 한다. 지금 우리는 지식과 과학과 테크놀로지가 극도로 발달한 시대에 살고 있지만, 그럼에도 불구하고 우리는 동시에 불안과 공포와 근심 가운데 살고 있다. 왜 그런가? 지혜가 부족하기 때문이다. 현대 인간의 삶은 물질을 떠나서 살 수 없다. 그렇다고 해서 물질만으로도 살 수가 없다. 이 물질을 바로 쓸 수 있는 지혜가 필요하다. 명예와 권세도 그렇다. 그것만 구해서는 안 된다. 그것을 바로 쓸 줄 아는 지혜가 있어야 한다. 우리들 가운에, 또 주변에는, 이 사실을 망각해서 생긴 사회의 문제들이 얼마나 많은가? 주의 깊게 살펴보라. 이러한 모든 일들은 영적 튜닝, 영적인 음을 제대로 잡지 못했기 때문에 생긴 질병들이다.

하나님께서 기뻐하시는 참된 삶은 무엇인가? 필요한 지혜와 능력을 달라고 하나님께 구하는 삶이다. 하나님께서는 이렇게 구하는 자에게 반드시 응답하신다. 하나님을 경외하며 말씀과 기도를 통해서 지혜를 받음으로, 인생의 삶, 신앙적인 삶에서 영육 간에 축복을 누릴 수 있어야 한다.

예수닮기_적용하기

1. 내 삶 가운데 가장 빨리 튜닝되길 원하는 곳이 있다면 어디인가?
2. 하나님께서 나에게 주신 지혜가 가장 필요한 곳은 어디인가?

#4

안식의 삶

 한자로 휴가의 休는 사람人 변에 나무 木자가 놓여서 된 글자다. 暇자는 한가하다는 뜻이다. 그러니까 사람이 나무들 속에서 한가하게 머물러 있는 것이 휴가다. 그러므로 휴가休暇라는 말 속에는 조용한 자연 속에서 명상하며 내 안에 탐욕과 야욕, 시기와 질투, 분노와 교만이 없는지 깊이 성찰하는 시간을 갖는다는 의미다.

 우리 인생은 마치 자동차와 같아서, 아무리 속력을 높여 달려도 가끔 브레이크를 밟아줘야 안전 운행을 할 수 있다. 인생의 여정도 그렇다. 브레이크 없는 인생은 바른 인생일 수가 없다. 휴가는 마치 인생이라는 자동차의 브레이크와 같은 것이어서, 비록 짧은 잠깐의 시간이지만, 브레이크를 밟는 순간을 통해 다시 속력을 낼 수 있다. 결국 쉼을 갖는 사람이 발전적이고 진취적인 인생을 살 수 있다.

 이솝 우화에 나오는 〈개미와 베짱이〉 이야기를 잘 안다. 그 옛날 베짱이는 요즘처럼 더운 여름, 일도 하지 않고, 그늘에 앉아 기타를 치고 노래를 불렀지만, 개미는 여름 내내 부지런히 일하며 곡식을 모았다. 그 결과, 겨울이 되어 개미는 따뜻하고 편안하게 겨울을 보낼 수 있었지만, 여름 내내 놀기만 했던 베짱이는 추운 겨울에 준비해놓은 것이 없어서, 거지가 되어 결국에는 개미에게 구걸하게 되었다는 이야기다. 그런데 개정판 〈개미와 베짱이〉 이야기에는, 여름 내내 개미는 열심히 일하고, 베짱이는 노래를 부르며 논 것까지는 같다. 그런데 개미가 너무 열심히 일만 하다가, 겨울 내내 신경통과 만성피로증에 시달려 병원 신세를 져야만 했고, 반면 베짱이는 탁월한 노래 솜씨 덕분에 음반을 취입했는데, 그 음반이 대박나서 편안하게 겨울을 보냈다는 이야기다.

그런데 요즘 최신판에는 다시 반전이 일어난다. 개미가 질병의 아픔 속에서 하나님을 믿고, 지속적인 기도 생활을 통해 그 병이 다 나아서, 다시 열심히 일하면서 부자가 되었다는 것이다. 그런데 베짱이는 출반한 음반이 대박나서 돈과 명예를 모두 얻어 유명해졌지만, 가진 돈으로 흥청망청 즐기다 가산을 탕진해 다시 거지가 되었다. 결국 이 이야기가 우리에게 주는 의미는 보다 행복하고 진취적인 삶을 살기 위해서는 적당한 안식과 쉼이 필요하다는 것을 말한다.

현대를 살아가는 우리들에게 가장 크고 무거운 짐은 말할 것도 없이 스트레스이다. 그것은 사람들로 하여금 쉽게 지치게 하고 피곤하게 만든다. 또한 심각한 질병마저 안겨준다. 심장병, 위장병, 불면증, 각종 암을 유발시키는 발병 원인이 된다. 그래서 현대인들은 이런 스트레스로부터 해방받기 위해 안간힘을 쓴다. 각종 레저 활동 또는 문화 활동, 혹은 여행 등으로 그것을 풀고자 한다. 그런데 그것으로 인해 풀리던가? 여전히 무언가에 시달리고 지쳐 있는가? 무거운 짐에 눌려 절로 신음하고 있지는 않은가? 위에서 말한 레저 여행 등을 통해 참된 안식과 쉼을 얻는가? 신앙인으로 우리는 어떻게 우리 삶의 무거운 짐과 스트레스를 풀 수 있을까? 성경은 이렇게 말한다.

> 수고하고 무거운 짐 진 자들아 다 내게로 오라. 내가 너희를 쉬게 하리라(마태복음 11:28)
>
> 여호와께로 돌아오라 그리하면 그가 긍휼히 여기시리라. 우리 하나님께로 나아오라 그가 널리 용서하시리라(이사야 55:7)

러시아의 작가 톨스토이 Lev N. Tolstoi 는 어렸을 때 신앙생활을 열심히 했다. 그러다가 18세에 신앙을 버렸다. 무신론자로 근 40년을 살던 그는 55세가 되었을 때, 〈신앙론〉이란 글을 쓰면서 이런 말을 남겼다.

> 내가 55년을 살아오는 동안, 나는 안식을 알지 못하고 살아왔다. 내가 18세 되던 때, 내 친구는 나에게 찾아와 "신이 인간을 만든 것이 아니라 인간이 신을 만들었다"고 나를 설득했다. 나는 그 말이 진리라고 생각했다. 그래서 나는 어렸을 때의 종교인 기독교를 떠나기로 결심했다. 나는 종교를 포기하는 것이 자유를 얻는 길이라고 생각했다. 나는 심지어 종교는 속박이라고 생각했다. 그러나 내 나이 55세,

이제 나는 내가 버린 어머니의 품과 같은 신앙의 품으로 돌아온다. 나는 종교로 돌아온 것이 아니라, 예수 그리스도에게로 돌아왔다. 그리고 예수 안에서 나는 다시 참된 안식을 발견했다.

톨스토이는 다시 예수 그리스도를 만났고, 그분 안에서 참된 안식을 얻었다. 우리는 안식자 되시는 예수님을 만나보았는가? 그리고 그분 안에서 안식을 누리고 살고 있는가? 우리 중에 아직도 고통과 슬픔, 실패의 짐을 지고 계신 분이 있는가? 고독의 짐을 지고 외로워하시는 분이 있는가? 염려와 근심의 짐을 지고 괴로워하는 분이 있는가? 주님께로 돌아오라. 지금 곧 나아오라. 그리고 주님의 품에 안겨 쉼을 얻으라. 주님은 우리들에게 마음의 안식을 선물로 주신다.

마가복음에서 예수님은 무어라고 말씀하셨나? "너희는 따로 한적한 곳에 와서 잠깐 쉬어라(마가복음 6:31)". 여기서 쉼을 얻기 위한 세 단어를 발견할 수 있다. 첫째, '따로'이다. '따로'는 '개인적으로, 개별적으로'라는 뜻이다. 예수님의 제자들은 맡기신 전도 사역을 열심히 수행했지만 잠시도 쉴 겨를이 없었다. 그러자 예수님은 지친 제자들을 수많은 사람들에게서 떼어놓기 위해 "너희는 따로 오라"고 말씀하셨던 것이다. 진정으로 쉼을 얻고 삶에 새로운 활력을 얻기 위해서는, 수많은 일상의 사람들로부터 따로 떨어져 조용히 기도하는 시간을 가져야 한다.

둘째, '한적한 곳'이다. 예수님께서 말씀하신 '한적한 곳'은 사람들이 모여 있는 곳이 아니라, 복잡하지 않은 광야를 말한다. 한적의 반대는 북적이다. 세상을 보라. 모두가 북적거린다. 전철역, 버스정류장, 시장, 길거리, 놀이터, 음식점, 해수욕장 등 세속의 공간은 어디에서도 북적거린다. 그러나 신앙은 북적거리는 곳에 있다가도 때를 따라 조용한 곳, 한적한 곳을 찾는 것이다. 한적한 곳은 하나님을 만나는 곳이고, 하나님을 경험하는 곳, 즉 광야다. 예수님께서는 바로 그 한적한 곳, 광야로 가셔서 기도하시고 금식하셨다.

셋째, '잠깐'이다. 잠깐은 시간적으로 길지 않다. 우리가 하루 종일 활동하고 밤에 잠자는 것은 잠깐 쉬는 것이고, 아침에 새로운 활력으로 시작한다는 의미다. 쉬는 것은 잠깐이고 더 많은 날의 삶을 위해서 보충하는 시간이다. 따라서, 신앙적인 쉼은 열심히 일한 사람에게 주시는 하나님의 축복이다. 신앙적인 쉼은 다시 주어진 길을 가기 위해 잠시 쉬며 영적 기름을 채우는 주유소와 같다. 휴가 기간이 신앙적인 쉼이 되고, 하나님의 은혜를 다시 누리는 활력의 기회가 되면 좋겠다.

구약성경 출애굽기를 보라. 하나님께서 우리에게 "안식일을 기억하여 거룩하게 지키라"고 명령하신 것은, 한마디로 우리에게 쉼을 주시기 위해서다. 전적으로 우리의 구별된 삶을 위해서다. 사람은 안식과 쉼을 통해서 여러 가지 것을 얻을 수 있다. 그 가운데 대표적인 것이 바로 건강의 회복이다. 우리는 6일 동안 힘써 일하다 소진된 힘을 안식일에 쉼을 통해서 재충전할 수 있다. 일주일에 한 번씩 쉬어야 우리 몸이 건강을 유지할 수 있다.

> 일곱째 날은 네 하나님 여호와의 안식일인 즉… 아무 일도 하지 말라(출애굽기 20:10)

하나님은 당신의 영적 자녀인 우리들이 하나님 앞으로 나아오는 것을 그 무엇보다도 기뻐하신다. 우리가 하나님과 영적으로 교제하는 것을 정말 기뻐하신다. 그래서 우리는 예배를 통해서 하나님과 교제하고, 기도하는 무릎으로 하나님과 교제하고, 입을 열어 찬송함으로 하나님을 기쁘시게 해드리고, 봉사와 섬김을 통해서 하나님과 깊은 교제를 나눈다. 우리가 오직 하나님만을 생각하며 안식과 쉼을 가질 때, 참된 평안과 기쁨을 누릴 수가 있다.

종교개혁자 마르틴 루터Martin Luther는 이런 말을 했다.

> 우리가 쉼을 갖는다는 것은 우리의 일을 멈추는 것이다. 그러면 그때부터 하나님만이 우리 안에서 일하시는 것을 경험하게 된다. 그때 우리는 쉼을 누리고 감사하게 되고, 하나님을 찬양하게 되고, 우리의 육체와 영혼이 하나님이 주시는 은총을 누리게 된다.

우리의 안식과 쉼은 쉼의 주인되신 하나님께 귀를 기울이는 것이고, 하나님과 나와의 관계를 생각하는 것이다. 그러면서 우리의 몸과 마음을 하나님께 맡기는 것이다. 그때에 우리의 영혼이 새로워지고, 우리의 육체도 하나님께서 주신 놀라운 힘을 얻게 된다. 우리가 하나님께 온전히 맡기지 못하면, 우리에게 새로움도 새 힘도 더해지지 않는다. 예수를 닮기를 원하는가? 그렇다면 안식과 쉼을 통해 하나님의 새로운 사역을 준비하라. 조용히 하나님의 음성을 듣고 하나님의 뜻을 찾으라. 그것이 예수님의 삶의 방식이다.

예수닮기_적용하기

1. 나만의 안식하는 방법이 있다면 무엇인가?
2. 예수님과 일주일 동안 휴가를 간다면 어디에서 무엇을 하고 싶은가?

#5

평강의 삶

조수아 리프만Joshua Lippmann이 쓴, 《마음의 평안peace of mind》이라는 책에는, 한 노인이 젊은 주인공에게 찾아와 "그대가 원하는 것이 무엇인가?"라고 묻는 장면이 나온다. 그때 청년이 이렇게 대답한다. "첫째는 건강이고, 둘째는 재물이며, 셋째는 미모이며, 넷째는 재능이고, 다섯째는 권력이고, 여섯째는 명예입니다." 그러자 노인은 이 청년을 지그시 바라보며 이렇게 말한다. "청년이여, 그러나 그대에게 평안이 없으면 그 어떠한 것도 즐길 수 없다네." 유대인들은 삶의 중요성이 무엇인지를 이미 오래전부터 알고 있었기 때문에, 만나는 모든 사람들에게 항상 '평화'의 인사를 했다. 어떤 학자는 그때의 '샬롬'을 이렇게 해석했다. '하나님의 모든 것', 즉 평안 안에는 하나님의 모든 것이 다 들어 있다는 의미이다.

예수님이 부활하신 후, 제자들에게 나타나서 하신 첫 말씀

너희에게 평강이 있을지어다(요한복음 20:19)

'평강'은 주님이 예수를 닮기 원하는 모든 사람들에게 전하는 메시지다. 성경 곳곳에 평강에 관한 말씀이 나온다.

여호와는 그 얼굴을 네게로 향하여 드사 평강 주시기를 원하노라 할지니라(민수기 6:26)
예수께서 가라사대 너희에게 평강이 있을지어다 아버지께서 평강을 위하여 나를 보내신 것같이 나도 너희를 보내노라(요한복음 20:21)
하나님의 사랑하심을 입고 성도로 부르심을 입은 모든 자에게 하나님 우리 아버지와 주 예수 그리스도로 좇아 은혜와 평강이 있기를 원하노라(로마서 1:7)

우리의 삶 가운데서 가장 원하는 것이 있다면 그것은 "기쁨과 행복", "은혜와 평강"의 삶이다. 우리의 삶을 표현하는 정치와 경제, 사회와 교육, 문화와 종교까지도 이 이상의 무엇은 없다. 그러나 우리의 현실적인 삶은 이와는 정반대로 나아간다. 우리의 주변을 살펴보아도, 모두가 너무나 강퍅해져 있다. 불안과 시기, 분노와 난폭, 거짓과 불의가 넘쳐난다. 그런 것들이 우리 모두의 마음과 생각을 지배하면, 나도 모르는 사이에 우리로 하여금 무기력하고 패배감에 사로잡히게 한다.

우리의 마음과 생각을 안전하게 지켜줄 수 있는 것은 무엇일까? 성경은 그 해답을 확실하게 제시한다. 오직 하나님의 말씀으로 우리에게 주시는 '평강'이다. 이것이야말로 이 세상에서 여러 모양으로 지쳐 있는 우리들을 안전하게 지켜주는 하나님의 능력이다. 하나님께서는 모든 지각에 뛰어난 하나님의 평강을 예수 그리스도를 통해 우리들에게 선물로 주신다. 우리 안에 다른 어떤 지수보다 '평강지수'가 가장 높이 나타나기를 원하신다.

> 평안을 너희에게 끼치노니 곧 나의 평안을 너희에게 주노라 내가 너희에게 주는 것은 세상이 주는 것 같지 아니하니라(요한복음 14:27)

예수 그리스도 안에서 하나님과의 관계는 마음의 평안으로 인해 회복된다. 예수님을 우리 마음속에 깊이 간직하고 영접하면, 예수님 안에 있는 평강이 우리의 마음을 충만하게 하고, 마음과 육신의 질병도 치유하고 회복시켜준다. 우리의 삶의 환경이 아무리 불안하고 심각해도, 말씀으로 인해 내 마음의 평안은 잃지 않게 된다. 사탄의 세력의 끊임없는 유혹과 공격을 받아도, 예수님의 보호 아래 있기 때문에 우리의 삶은 안전하다.

'평강'이란 단어는 헬라어로 '에이레네', 히브리어로는 '샬롬'이다. '샬롬'은 인간이 누릴 수 있는 하나님 나라의 모든 복을 담고 있다. 즉, 안녕, 평화, 행복, 안전, 만족 등을 담고 있는 최상의 상태를 뜻한다. 예수님께서는 하나님 나라를 완성하셨고, 구원과 대속을 다 이루셨다. 그러고는 바로 평강을 선포하셨다.

　사람이 원하는 것은 '편안'이지만, 하나님은 '평강'이 있기를 원하신다. 물질적인 공급으로 육체가 누리는 차원이 편안이라면, 정신적이고 영적인 공급으로 마음과 영혼이 누리는 것은 평강이다. 그러기에 참 평강은 사람에게서 나오는 것이 아니라 하나님께로부터 오는 것이다. 좋은 환경 속에서 살아도 주님이 떠나면 평강은 사라지지만, 힘들고 어려운 환경 속에서도 주님께서 함께하시면 평강의 삶은 이루어진다. 부활하신 주님께서는 우리에게 '하나님의 평강'이 임하기를 원하셨다.

　그런데 성경을 자세히 읽어보면, 평강이라는 말에는 항상 은혜라는 말이 동반된다. 서로가 '불가분'의 관계에 있다는 뜻이다. 즉, 은혜가 있는 곳에 평강이 있고, 평강이 있는 곳에는 반드시 은혜가 있다. 이 은혜와 평강은 하나님께로부터 나오는 것이다. 바울의 13권의 모든 서신서 첫 부분을 보면, 공통적인 인사말이 나온다. 즉, "하나님 우리 아버지와 주 예수 그리스도를 좇아 은혜와 평강이 있기를 원하노라"이다.

　예수님은 부활하신 후, 40일 동안 제자들에게 나타나시면서 왜 한결같이 평강의 축복을 하셨을까? 그 이유는 평강의 복이 최고의 축복이기 때문이다. 인간에게 평강의 복보다 더 큰 축복은 없다. 그러기에 평강의 복을 받은 자는 어떠한 상황 속에서도 천국의 삶을 이루는 복된 인생이 된다. 그러나 반대로 평강의 복을 받지 못하면, 아무리 높은 명예와 권세, 그리고 재물을 가지고 있어도, 행복과 기쁨을 찾지 못하는 인생이 되고 만다. 그러기에 평강의 복을 누리는 사람들은 언제나 감사하는 자가 되고, 그 감사하는 마음으로 하나님을 찬양하고 무엇을 하든지 주의 이름으로 그를 힘입어 살아가는 삶을 산다.

남태평양의 사모아 섬은 바다 거북들의 산란 장소로 유명하다. 봄이면 바다거북들이 해변으로 올라와 모래 구덩이를 파고 알을 낳는데, 깨어난 새끼들이 바다를 향해 새까맣게 기어가는 모습은 장관을 이룬다. 한번은 해양학자들이 산란기 바다거북에게 진통제를 주사해 보았더니, 거북은 고통 없이 알을 낳았다. 하지만 거북은 제가 낳은 알을 모조리 먹어치워버렸다. 과학자들의 추측은 고통 없이 낳은 알이기 때문에, 모성 본능이 일어나지 않았다는 것이다.

우리가 사는 세상이 만약 밝은 대낮만 계속 된다면, 사람들은 며칠 못 가서 다 쓰러지고 말 것이다. 사람은 누구나 다 어둠을 싫어하지만, 어둠이 있기에 우리는 살아갈 수 있다. 낮도 밤도 모두 삶의 일부이다. 우리는 모두가 좋은 일만 가득하기를 기대하고 희망한다. 그러나 어둠이 있어야만 거기서 비친 빛이 더욱 빛이 나듯이, 시련이 있어야 삶은 더욱 풍요로워지는 것이다. 살아가는 동안 경험하는 수많은 어려움 중에 내가 이겨내지 못할 시련은 없다. 우리에게 견딜 만한 고통은 또 다른 축복이다. 하나님께서는 우리에게 견딜 만한 고통만 주신다. 왜냐하면 하나님의 궁극적인 목적은 우리를 축복하시는 일이기 때문이다. 이러한 하나님의 축복을 누릴 수 있다는 것이 바로 평강의 삶이다. 예수님을 닮기 원하는 사람들이여, 그대들에게 "주님의 평강이 있을지어다".

예수닮기_적용하기

1. 내가 평강의 도구가 되었던 적이 있다면 언제인가?
2. 강 같은 주님의 평화를 전한다면 누구에게 전하고 싶은가?

#6 기쁨의 삶

우리가 즐겨 부르는 찬송가 325장(통합 359장) 가사 중에 "예수가 함께 계시니 시험이 오나 겁 없네. 기쁨의 근원되시는 예수를 위해 삽시다. 날마다 주를 섬기며 그 사랑 안에 살면서 딴 길로 가지 맙시다"가 있다.

사도 바울은 로마서에서 다음과 같은 말씀이 나온다.

> 우리가 살아도 주를 위하여 살고 죽어도 주를 위하여 죽나니 그러므로 사나 죽으나 우리가 주의 것이로다(롬 14:8)

하나님께서는 우리를 하나님의 자녀로 삼으시기 위해, 예수 그리스도를 보내셨고, 그로 하여금 우리의 기쁨의 근원이 되게 하셨다. 그리스도인들은 예수님의 탄생이 하나님의 구속사역임을 깨닫고, 기쁜 마음으로 그를 기다리며 맞이한다. 그러므로 기독교 신앙의 중심에는 언제나 그를 향한 기다림과 간절함과 겸손함이 있다. 그것이 바로 기독교 신앙의 출발점이다. 그래서 찬송가는 "날마다 주를 섬기며 그 사랑 안에서 딴 길로 가지 말자"고 찬양한다.

교회는 주님을 기다리는 사람들의 모임에서 시작되었다. 사도행전 2장에 나오는 초대 교회는 주님의 약속을 기다리면서 탄생했다. 주님께서 약속하신 것을 기다리는 사람들에 의해, 언제나 새로운 역사는 열린다. 그리스도 안에서 새로운 피조물로 삶을 시작한다는 것은, 완벽한 존재로서 새로운 시작을 한다는 말이 아니다. 비록 아직 그 무엇이 이루어지지 않아 불완전하지만, 겸손한 기다림 속에서 새로운 삶이 시작되고 그 안에서 기쁨을 맛보며 성숙한 신앙을 갖는다는 것이다. 천진난만한 어린 아이가 부모를 믿고 기다릴 때의 모습에서 기쁨을 맛보는 것과 같다.

그런데 아이들이 조금 자라 십대가 되면, 부모가 무엇을 사주려고 해도 별로 감동과 기쁨이 없다. 이제 자기들이 필요한 것만을 요구하고 충족시키려 한다. 천진난만함이 그만큼 사라졌기 때문이다. 그러니 부모의 입장에서는 기분이 별로 좋지 않고, 섭섭한 마음도 든다. 그런 의미에서 볼 때, 인생에서 이런 어린아이와 같은 기다림과 기쁨과 설렘을 갖는다는 것은 소중한 가치를 지니고 있다는 뜻이다.

중국 신학생들을 가르치기 위해 '심천'이란 곳을 다녀온 적이 있다. 짧은 기간이었지만, 단지 중국 현지 신학생들과 가정 교회 목사들이라는 말만 듣고, 나름대로 그들에게 강의를 하기 위해 준비해서, 그곳에 도착했다. 학교 간판조차 없는 허름한 한 건물에 40여 명의 학생들이 앉아 찬양을 부르고 있었다. 정말 뜨겁고 열정적인 열기를 느꼈다. 조선족 통역 목사님이 나를 소개하는데, 그들의 눈망울 속에서 마치 메시아를 기다리는 듯한 간절함과 천진난만함이 보였다. 아마도 한류의 열기가 거기에도 있는 듯했다.

한국에서 목사, 교수님이 온다는 것에 대한 기대감이라고나 할까? 그들의 순진한 눈망울과 공부를 하고자 하는 열정과 기대감은 지금도 잊히지 않는다. 학문의 기초가 부족하고, 읽은 책이 없어 무지하고, 외형은 남루하지만, 그러한 것들이 그들에게 중요치 않았다. 그들은 오직 성경을 통해 만난 예수님 때문에 기뻐하고 즐거워하는 것뿐이었다. 그들을 보는 순간, "아! 이들 모두가 분명 기쁨의 근원되시는 예수님을 만난 사람들이구나"라는 확신이 들었다. 그들 중 50% 정도는 운남성, 하남성 등 먼 시골에서 기차와 버스를 타고 36시간 이상 동안, 강의를 듣기 위해 이곳에 왔다고 했다. 그들은 열악한 교회를 섬기며 오직 선교적 열정을 가지고 이 먼 곳까지 와서 배워 전하겠다는 생각뿐이라고 했다. 그중 일부는 삼자교회에서 나와 가정 교회로 옮긴 사람들이었다.

삼자교회중국기독교 삼자 애국운동위원회는 정부에서 인정하는 공인 신학교가 있으나 말씀에 대한 통제와 간섭이 있는 교회 - '자치, 자양, 자전'을 바탕으로 공산당 정부에서 임명하는 교회다. 반면, 가정 교회는 정부에서 인정하지 않는 개인 교회이나 신앙의 자유와 선교의 열정, 말씀에 대한 뜨거움을 갖는 교회다. 가정 7 삼자 3의 비율로 현재 중국 기독교인은 대략 1억 2-3천명 정도라고 한다.

예수님은 이번에 만난 중국 현지 목회자, 신학생에게 분명 기쁨의 근원이셨다. 정말 우리가 그리스도인의 삶을 살기 원한다면, 기쁨의 근원되시는 바로 그 예수님을 만나야 한다. 그분 안에서 우리 인생의 방향이 분명해야 한다.

> 주께서 생명의 길을 내게 보이시리니, 주의 앞에는 충만한 기쁨이 있고 주의 오른쪽에는 영원한 즐거움이 있나이다(시편 16:11)

여기서 '기뻐한다'는 말은 어떤 일을 기쁘게 맞이한다는 뜻이고, '즐거워한다'는 말은 그 일을 행복하게 여기고 그것에 마음을 둔다는 뜻이다. 기뻐하는 것을 '소극적인 반응'이라고 한다면, 즐거워하는 것은 '적극적인 반응'이라고 할 수 있다. 주님은 소극적인 반응이든지 적극적인 반응이든지 "기뻐하고 즐거워하라"고 말씀한다. 그가 근원이 되기 때문이다. 바울의 말처럼, "주 안에서 항상 기뻐하라. 내가 다시 말하노니 기뻐하라(빌립보서 4:4)".는 것이다. 그러니까 기뻐하는 것은 우리의 선택이 아니라 의무이다.

자동차를 구입할 때에도 여러 가지 옵션이 있다. 시트를 기본형으로 할 것인지, 가죽 시트로 할 것인지, 선루프는 달 것인지 말 것인지 등과 같은 옵션 사항이 있다. 그러나 가격이 비싸다고 해서, 엔진이나 브레이크를 옵션으로 해야 할지 하지 말아야 할지를 결정할 수는 없다. 왜 그런가? 그것들은 옵션이 아니기 때문이다. 옵션은 선택할 수 있지만, 의무는 선택사항이 아니라 당연히 해야 하는 것이다. 기쁨의 근원되시는 예수님이 내게 오시는 것을 '기뻐하는 것'은 옵션이 아니라, 의무이다. 올바른 믿음의 삶은 항상 기뻐하며 사는 삶으로 방향이 정해진 것이다.

탈무드에 나오는 이야기다. 한 나그네가 길을 가는데 마차를 만났다. 너무나 다리가 아파서 태워달라고 부탁했다. 마부는 기꺼이 태워주었다. 나그네가 마부에게 물었다. "예루살렘까지 여기서 얼마나 먼가요?" 마부가 대답했다. "이 정도 속도라면 30분 정도 걸리지요." 나그네는 고맙다는 인사를 하고 잠시 잠이 들었다 깨어보니 30분 정도 지났다. "예루살렘에 다 왔나요?" 마부가 말했다. "여기서 1시간 거리입니다." "아니 아까 30분 거리라고 했고 그새 30분이 지나지 않았습니까?" 마부가 말했다. "이 마차는 반대 방향으로 가는 마차입니다."

중요한 것은 속도가 아니라 방향이다. 방향이 맞으면 설령 늦어도 목적지에 이를 수가 있지만, 방향이 잘못되면 아무리 속도를 높여도 결코 목적지에 도달할 수 없다. 그러나 사람들은 속도를 높이는 데에만 집중한다. 속도를 높여 더 빨리, 그리고 남들보다 더 멀리 가고자 한다. 하지만 인생은 속도가 아니라 방향이다. 아무리 빨리 남들보다 멀리 간들, 그것이 결국 내가 원하는 방향이 아니라면 아무 소용이 없다. 그동안 나의 삶과 영혼이 올바른 방향으로 달려왔는지 한번 뒤돌아보자.

비록 우리의 삶에 고난과 역경이 있었을지라도, 올바른 믿음의 방향을 가졌다면, 우리는 기뻐해야 한다. 야고보서 저자는 고난과 역경 속에서 우리가 기뻐할 수 있는 이유에 대해서 이렇게 말한다.

> 내 형제들아 너희가 여러 가지 시험을 당하거든 온전히 기쁘게 여기라. 이는 너희 믿음의 시련이 인내를 만들어 내는 줄 너희가 앎이라
> (야고보서 1:2-3)

시험이 와도 기뻐해야 하고, 여러 가지 고난과 역경 속에서도 기뻐해야 하는 이유가 여기에 있다. 그 시험이 우리를 인내하는 사람으로 만들어주기 때문이다. 그 고난과 역경이 우리를 성장시켜주고 성숙하게 만들어주기 때문이다.

존 샌더슨John Sanderson은 이런 말을 했다.

> 하나님의 자녀가 기뻐하지 않고 우울하게 사는 것은 삶 속에서 하나님을 부인하는 것입니다. 왜냐하면 하나님과 그분의 속성을 무시하는 것이기 때문입니다.

대단한 말이 아닌가? 우리가 사방으로 욱여쌈을 당한 것 같은 어려

움이 있어도, 크게 화가 날 일이 생겨 도저히 기뻐할 수 없는 상황에서도, 기뻐하며 살아야 하는 메시지가 여기에 담겨 있다. "내가 이것을 너희에게 이름은 내 기쁨이 너희 안에 있어 너희 기쁨을 충만하게 하려 함이라(요한복음 15:12)". 예수님을 닮으려는 사람들은 바로 이 기쁨의 근원이 되는 삶이 무엇인지를 항상 찾으며 사는 사람들임을 잊어서는 안 된다.

예수닮기_적용하기

1. 오늘 나에게 기쁨을 주는 것은 무엇인가?
2. 주님의 기쁨이 내 기쁨이 되기 위해 어떤 노력을 해야 할까?

#7

염려 없는 삶

우리는 개인적으로 가정적으로 사회적으로 많은 염려, 걱정, 근심스러운 일들을 겪는다. 그러나 그 모든 일들은 내가 염려한다고 해결할 수 있는 문제들은 결코 아니다. 곰곰이 생각해보면, 대부분의 우리의 염려들은 우리 스스로가 해결할 수 있는 것들이 아니다. 그런데도 우리는 그것들을 붙잡고 고민하며 잠 못 이루고 안절부절못하며 산다. 혹시 우리 가운데 염려가 전혀 없는 사람이 있는가? 혹시 염려를 좋아하는 사람은 있는가? 염려가 취미인 사람은 있는가? 역시 없을 것이다. 그러면 왜 좋아하지도 않는 염려를 평생 끌어안고 사는 것일까? 이처럼 어리석은 삶이 어디 있을까?

염려는 한마디로 인생을 파괴하는 독소이다. 염려가 많을수록 우리 인생은 피곤하고 망가지고 불행해진다. 캐나다의 베스트셀러 작가 어니 젤린스키Ernie J. Zelinski가 쓴 책, 《모르고 사는 즐거움》에 보면 이런 자료가 나온다. 사람들의 염려 중 40%는 절대로 일어나지 않는 것이고, 30%는 이미 일어난 것이라고 한다. 그러니까 70%는 쓸데없는 염려이고, 또 22%는 사소한 일이고, 4%는 절대로 바꿀 수 없는 일이라고 한다. 역시 쓸데없는 염려들이다. 그러니까 우리가 96%의 쓸데없는 염려 때문에 평안을 빼앗기고 괴로워하며, 스스로 불행을 만든다는 것이다.

영어 단어로 염려는 'worry'다. 그 어원을 따져보면, '물어뜯다'라는 뜻이다. 영어사전에 보면, 자주 쓰이지 않지만 몇 번째 의미로 나와 있는데, "짐승이 이빨로 목을 꽉 물어 질식해 죽인다"라는 뜻도 가지고 있다. 그래서 예수님은 이렇게 말씀하셨다.

> 목숨을 위하여 무엇을 먹을까 무엇을 마실까 몸을 위하여 무엇을 입을까 염려하지 말라(마태복음 6:25)
> 너희 중에 누가 염려함으로 그 키를 한 자라도 더 할 수 있겠느냐(마태복음 6:27)

우리가 자동차에 앉아서 기어를 중립에 놓고 시동을 걸고, 엑셀레이터를 계속 밟아보자. 어떠한가? 소리가 요란하다. 엔진은 쌩쌩 돌아가고 기름은 펑펑 들어간다. 그러나 자동차는 1미터도 움직이지 않는다. 염려란 그와 같은 것이다. 그런데 사람들은 그것 때문에 안절부절

기쁨의 영성 — 183

어찌할 바 모르며 요동친다. 그리고 그것 때문에 정서적으로, 영적으로, 육신적으로 모든 에너지를 소모한다. 무익하고 쓸모 없는 짓이다.

헨리 나우웬Henri J.M. Nouwen은 그의 책,《모든 것을 새롭게Making All things New》에서 이렇게 표현했다. 염려한다는 것은 "아직 내 앞에 오지도 아니한 시간과 장소를 무언가로 가득 채우려고 하는 것이다." 바꾸어 말하면, "마음이 '혹시'로 가득 차 있기 때문이라는 것이다." 혹시 암에 걸리지는 않았을까, 혹시 자동차 사고가 나지는 않을까, 혹시 직장을 잃지 않을까, 혹시 부도가 나지 않을까, 혹시 핵전쟁이 일어나지는 않을까, 이런 '혹시'가 내 마음에 염려로 자꾸 차오르기 시작하면 불안해지고, 두려워지고, 의심이 생기고, 조급해지고, 나중에는 우울증 증세로 나타난다.

그래서 우리의 '영적인 삶'은 그것 때문에 망가지고 내적 자유를 누리지 못하게 된다. 우리 안에서 자유롭게 호흡하시고 우리의 영혼을 날마다 새롭게 하시는 성령의 활동을 막아버린다. 마치 숨통이 막혀 숨을 들이키거나 내쉬지 못하게 하는 것과 같다. 결과적으로 "내 삶의 의미나 가치가 있는가?", "차라리 내가 사라지는 것이 더 낫지 않은가?"라는 극단적인 생각으로 세상과의 단절, 가족과의 단절 형태로 나아간다. 한마디로, '영적 삶의 위기'를 자초하게 된다.

잠언은 이렇게 말한다. "마음의 즐거움은 양약이라도 심령의 근심은 뼈를 마르게 하느니라(잠언 17:22)". 염려는 우리의 마음을 짓누르고, 나중에는 육체에도 악영향을 끼친다. 염려가 얼마나 몸에 나쁜가 하면, 뼈를 마르게 할 정도이다. 실제로 우리의 많은 질병들은 염려로 인해 마음의 상처와 스트레스로 발병되는 경우가 많다. 스트레스가 육체적으로 교감신경에 작용해서 심장, 위장, 대장, 간장, 신장 등에 와닿아, 그것들을 파괴시켜 병을 유발시킨다. 어떤 자료에는 염려가 많은 사람은 보통 사람보다 노화가 6년이나 더 빨리 온다고 한다. 염려가 많은 사람일수록 외모도 팍삭 늙는다. 그러기에 염려는 우리 안에서 제거되면 될수록 좋은 것이고, 안 하면 안 할수록 더 좋은 것이다.

예수님은 이러한 염려의 삶을 청산할 수 있는 하나의 길을 제시한다. 그것은 내 삶의 궁극적인 관심이 무엇인지를 아는 것이다. "너희는 먼저 그의 나라와 그의 의를 구하라. 그리하면 이 모든 것을 너희에게 더하시리라(마태복음 6:33)". 너희의 삶 속에서 가장 중요하고, 가장 우선적으로 추구해야 할 것이 무엇인지를 알아야 한다는 것이다. 그러면 삶의 모든 문제가 해결된다는 것이다. 반대로 너희의 삶에서 우선순위를 일차원적인 먹을 것, 마실 것, 입을 것에 두면, 그것 때문에 염려가 생기고 결국 절망, 좌절, 우울과 같은 내적, 외적 상처를 남기게 된다는 것이다.

그러므로 우리의 염려는 결코 내 안에서 내가 해결할 수 없다. 나를 만드신 창조주 하나님께서만이 해결해주실 수 있다. 이 사실을 아는 것과 믿는 것이 바로 신앙이다. 이것을 신학적 용어로 '전적인 믿음'

이라고 한다. 성경에 보면, 죽음을 두려워하며 염려하는 제자들을 향해서 예수님은 "너희는 마음에 근심하지 말라 하나님을 믿으니 또 나를 믿으라(요한복음 14:1)"고 했고, "평안을 너희에게 끼치노니 곧 나의 평안을 너희에게 주노라 내가 너희에게 주는 것은 세상이 주는 것 같지 아니하니라 너희는 마음에 근심도 말고 두려워하지도 말라(요한복음 14:27)"고 했다. 내 모든 염려는 하나님께서 해결해주신다는 확신을 가지고 믿음 안에서 탈출해야 한다.

그러므로, 지금 내 안에 어떠한 염려들이 있는가? 그것들을 위해 기도하라. 복음성가에도, "기도할 수 있는데 왜 염려하십니까? 기도하면서 왜 걱정하십니까?"라는 가사가 있다. 성경에 나오는 믿음의 사람들을 보라. 자신이 해결할 수 없는 문제에 부딪쳤을 때, 모두가 간절히 기도했다. 구약 사무엘상에서, 한나가 아이를 낳지 못할 때, 염려하며 절망한 것이 아니라 기도하면서 사무엘을 얻었다. 또 열왕기하에서, 남왕국 유다왕 히스기야가 불치의 병에 걸려 죽음의 위기에 처했을 때, 염려하며 좌절한 것이 아니라 하나님께 나아와 기도하여 질병의 치유를 받고 15년간의 생명 연장을 받았다. "믿음의 기도는 병든 자를 구원하리니 주께서 저를 일으키시리라(야고보서 5:15)"는 말씀이 이루어진 것이다.

영국의 세계적인 목회자, 스펄전 Charles H. Spurgeon 목사님은 "10년을 염려하는 것보다 10분간 기도하는 것이 차라리 더 낫다"고 전했다. 그래서 베드로는 다음과 같이 말했다.

너희 염려를 다 주께 맡기라 이는 그가 너희를 돌보심이라Cast all your anxiety on him because he cares for you(베드로전서 5:7)

여기서 '맡긴다'는 말을, 영어 성경에서 'Cast'라고 번역했다. '집어 던진다'는 뜻이다. "모든 염려를 내가 안고 있지 말고 하나님께 집어 던지라"는 말이다. 곧 내 모든 염려에서 자유함을 받으면, 오히려 감사가 넘치게 될 것이라는 뜻이다. 예수님을 닮기 위해서는 아래의 말씀들을 내 마음속에 깊이 간직하며 살아가자.

그러므로 내일 일을 위하여 염려하지 말고 내일 일은 내일이 염려할 것이요 한 날의 괴로움은 그날로 족하니라(마태복음 6:34)
아무것도 염려하지 말고 다만 모든 일에 기도와 간구로, 너희 구할 것을 감사함으로 하나님께 아뢰라. 그리하면 너희 마음과 생각을 지키시리라(빌립보서 4:7)

예수닮기_적용하기

1. 먼저 그의 나라와 의를 구하는 데 방해되는 것이 있다면 무엇인가?
2. 지금 가장 염려하고 있는 것은 무엇이며 어떻게 떨쳐낼 수 있을까?

#8

시험을 이기는 삶

기독교 역사 속에서 교회는 '재의 수요일 Ash Wednesday'을 시작으로 부활주일 전까지의 6주간(40일)을 사순절四旬節로 지킨다. '봄Lent'이라는 의미를 가진 사순절은 절제, 금식, 회개를 통해, 예수님의 부활을 준비하는 절기로, 이 기간 동안 우리는 하나님의 말씀을 향해 마음을 더 넓게 열어, 삶의 모든 영역에서 변화를 모색해야 한다. 특히, 우리가 삶의 어두움, 환란, 시련 등에 직면할 때, 우리 안에 내재해 있는 악한 존재(악마, 마귀, 사탄)와 싸워 그것을 쫓아내고 이겨내는 기간으로 삼아야 한다.

영성신학자 헨리 나우웬Henri J.M. Nouwen은 《영원한 계절Eternal Seasons》이란 책에서, 사순절을 "겨울과 봄이 주도권을 잡기 위해 서로 다투고 있는 계절적인 양상"이라고 설명했다 그러나 자연현상으로 겨울은 봄이 오면 반드시 그 자리를 내어줄 수밖에 없다. 그렇듯이, 또한 어두움은 빛이 있는 곳에서 자연스럽게 사라진다. 우리의 삶 가운데 나타나는 모든 현상들, 즉, 절망과 희망, 상처와 치유, 아픔과 회복, 죽음과 생명 등은 반드시 희망, 치유, 회복, 생명으로 승리의 사실을 전해준다. 정재찬 시인은 〈시를 잊은 그대에게〉에서 다음과 같은 시를 썼다.

빛이 없어 어두운 것이지 어두워서 빛이 없는 건 아니기에 빛이 어둠을 몰아낼 수 있어도 어둠이 빛을 몰아낼 수는 없는 것이기에 우리의 절망과 슬픔은 끝내 소망과 기쁨에 무릎을 꿇으리니

이런 점에서 나우웬의 말은 의미가 있다.

사순절은 하나님께로 돌아가는 시간이다. 이것은 우리가 얼마나 많이 우리를 둘러싼 무수한 사람들과 환경들 속에서 오직 즐거움과 평안과 만족을 갈구하면서 살아왔는지를 자백하는 시간이다.

그래서 사순절은 하나님께 다시 초점을 맞추는 시간이며, 진리의 장소로 들어가는 시간이며, 우리의 진정한 정체성을 회복하는, 즉 참된 그리스도인의 모습을 간직하는 중요한 시간이다.

40일 동안 신자들은 자기 성찰과 참회를 통해, 매일매일 일상의 습관들, 음식, 쇼핑, 주초_{음주}, 흡연, 커피 등의 절제로 인해, 최소한 하루에 1,000원 저금하기, 혹은 커피 한 잔 덜 마시기(4,000원)와 같은 '모으기 운동'에 동참하면 좋다. 예수님의 부활에 합당한 '새 생명 살리기,

새 빛 보여주기'와 같은 일을 행하는 것이다. 지금도 우리 주변에 외롭게 소외당한 사람들, 빛을 보지 못하는 사람들, 생명을 잃어가는 사람들에게 우리들의 적극적인 기도와 참여를 통해, 그들의 귀한 생명을 살리는 역할을 감당하자.

예수님은 마귀의 시험(여기서 '시험'이란 단어 헬라어는 '페이라죠' - '시험하다, 증명하다 to test, to prove 라는 뜻이다)을 극복하기 위해, 하나님의 말씀을 인용하며("기록되었으되") 대적했다. 이것은 예수 닮기를 원하는 우리들이 이 세상을 살아가면서 악한 영들과의 싸움에서 이길 수 있는 유일한 길이 바로 하나님의 말씀뿐이라는 사실을 전하는 것이다. 우리들이 많은 시험들을 만날 때마다, 세상의 지식이나 이성적 경험으로가 아니라, '하나님의 말씀으로' 유혹들을 이기며 살아갈 때 시험을 이길 수 있다.

마태복음에 의하면, 예수님이 받은 세 가지 시험들은 한 개인이나 집단 모두의 밑바닥에 깔려 있는 악의 근원들이다. 이 세 가지 근본 악의 정체는 첫째, 떡의 문제. 곧 물질만능주의가 낳은 먹고사는 문제이고, 둘째, 자기 절대화의 문제. 곧 신처럼 되기를 원하는 자기 신격화 문제이며, 셋째, 권력의 문제. 곧 정치와 권력의 힘에 의해 남을 지배하고자 하는 욕망의 문제이다.

첫째, "이 돌들로 떡 덩이가 되게 하라(마태복음 4:3, 육신의 정욕, 몸)" - 먹고사는 문제에 대한 유혹이다. 무엇을 하든지 우선 먹는 문제부터 해결해야 한다는 논리다. 하나님의 아들이라면 적어도 이 문제만큼은 해결할 수 있어야 하지 않겠느냐, 라는 뜻이다. 지극히 현실적인 존재가 되어야 한다는 어찌 보면 아주 당연한 말이다. 그러나 예수님은 이러한 시험에 대해 "사람이 떡으로만 사는 것이 아니요 하나님의 입으로부터 나오는 모든 말씀으로 살 것이라"며 일축했다.

여기서 예수님이 말씀하고자 하는 교훈은 세상에서 아주 중요하게 여기는 경제 문제 해결이 필요하지만, 그것을 위해 모든 것을 희생하거나 타협하거나, 심지어 삶의 가치마저도 잃어버려서는 안 된다는 것이다. 아무리 먹고사는 문제가 중요할지라도, 적어도 '영적 상실'이 있어서는 안 된다는 의미다. 물질은 삶의 수단에 불과한 것이지 그것이 목적이 되어서는 안 된다. 그럼에도 불구하고, 현실은 물질을 추구하며 살아야 존재의 힘을 가질 수 있다고 요구하며 강요한다. 그것이 바로 우리가 만나게 되는 그럴듯한 유혹이다.

둘째, "하나님의 아들이거든 성전 꼭대기에서 뛰어내리라(마태복음 4:6, 이생의 자랑, 정신)" – 자기의 영광을 드러내고 싶어 하는 명예와 허영심, 인기 영합주의에 대한 강한 시험이다. 이것은 인간 영혼에 뿌리 깊게 자리 잡고 있는 자기 신격화 혹은 교만이다. 사람은 누구나 대중들로부터 인기를 한 몸에 받기를 원한다. 한번 스턴트맨이 되어 성전에서 뛰어내려 멀쩡하면 분명 뉴스의 한복판에 서게 될 것이다. 이 땅에 태어난 이상, 한번 출세를 해보고 스타가 되고 싶은 개인적 영웅주의에 빠져보고 싶어 하는 심리적 현상이다. 그러나 예수님은 "주 너의 하나님을 시험하지 말라"고 말씀하신다.

셋째, "내게 엎드려 경배하라(마태복음 4:9, 안목의 정욕, 마음)" - 정치권력에 대한 시험이다. 남을 지배하고 통치하고 위세를 부리고 찬양을 받는 데서 쾌감을 느껴보라는 것이다. 힘power과 능력으로 자기가 처한 자리를 이끌어가고 싶지 않냐는 유혹이다. 교육, 종교, 문화까지도 정치세력화가 되다 보면 그 본질마저도 왜곡되는 경우가 허다하다. 철학자 니체는 그것을 '권력에의 의지Will to Power'라는 말로 표현했다. 그는 힘의 철학을 찬양하기 때문에, 당연히, 겸손, 양보, 자기 희생과 같은 기독교 정신은 '노예의지'로 전락하기 쉬운 것이라고 말한다.

여기서 예수님의 교훈은 권력, 즉 힘 자체를 부정하고자 하는 것이 아니라, 사탄의 말에 초점을 맞추고자 한다. "네가 만일 내게 엎드려 경배하면, 이 모든 것을 네게 주리라." 사탄에게 절하고 얻은 권력, 또한 악의 영(세력)과 결탁해서 얻은 권력은 언제나 사람을 파멸과 죽음으로 몰아갈 것임을 선포하신 것이다. "주 너의 하나님께 경배하고 다만 그를 섬기라." 결국, 섬기는 종으로서의 권력, 모든 사람을 위해서 자신을 희생하며 다스리는 권력, 그것만이 모든 권력의 근원이신 하나님으로부터 위탁받은 권력이며, 올바르게 집행되는 권력임을 강조하신 것이다.

예수님은 모든 사람들이 일상생활 속에서 겪어야 하는 세 가지 시험들을 정말 지혜롭게, 그리고 믿음 안에서 잘 극복하셨다. 그것은 말씀에 대한 확신과 성령의 능력에 대한 확신 때문이었다. 마태복음에 따르면, 이 시험의 장면 바로 앞부분에 예수님의 세례 장면이 나온다.

그때 예수님은 성령이 비둘기같이 임하는 것을 체험했고, 하늘로부터 하나님의 음성이 전해지는 것을 들었다. 이러한 확신으로부터 예수님은 마귀의 시험을 이기셨다.

그러므로 자기 반성과 성찰을 해야 하는 이때에 이 말씀은 우리 자신을 발견하는 계기가 될 수 있다. 우리가 "예수 닮기" 위하여 무엇을 해야 하는지를 다시 한 번 살펴보는 귀한 시간이 되어야 할 것이다.

예수닮기_적용하기

1. 내 삶의 주도권을 결정하는 요소는 무엇인가?
2. 하나님께서 내 삶의 주도권을 온전히 행사하시기 위해 가장 먼저 해야 할 일은 무엇인가?

#9 치유의 삶

우리는 살면서 받은 상처 때문에 괴로워한다. 혹시 지금도 상처를 받고 살고 있는가? 어떤 상처를 가지고 있는가? 과거에 받은 상처가 아직도 고통으로 남아 있는가? 의식적이든 무의식적이든 상처를 주고 살아가고 있지는 않는가? 세상 어느 누구도 상처가 없는 사람은 없다. 상처를 주었든 상처를 입었든, 또 정신적이든 육체적이든, 감정적이든 영적이든, 민족적이든 국가적이든, 모든 사람은 어떤 형태로든 상처가 있다. 따라서 인간은 상처 속에 살아가는 존재다.

헨리 나우웬Henri J.M. Nouwen은 그의 책, 《상처 입은 치유자The wounded Healer》에서, 하나님의 사역자로 진정한 크리스천이 된다는 것은 "상처 입은 치유자"가 되는 것이라고 정의했다. 자신이 경험한 상처를 '부정적인 아픔'으로만 받아들이지 아니하고, '긍정적인 건강한 태도'로 받아들이면, 오히려 다른 사람을 돕고 치유하는 자산이 될 수 있다는 것이다. 상처의 경험으로 말미암아 오히려 이웃들에게 '생명'을 줄 수 있다는 말이다. 그러므로 진정한 크리스천은 자신의 상처를 감추거나 속이지 아니하고, 차라리 연약한 존재임을 인정하고, 더 나아가 다른 사람의 상처와 약점까지도 품어주는 사람이다. 예수 그리스도가 바로 이러한 삶의 모델이셨다.

    예수님은 많은 상처를 받으신 분이다. 그러나 그는 상처받은 자로서 끝나지 않았고, "상처 입은 치유자"가 되셨다. 예수님은 사람들에게 조롱을 당하고, 멸시를 당했다. 그뿐만 아니라 예수님은 십자가 위에서 머리에는 가시면류관을 쓰고 허리에는 창으로 찔림을 받으며 피를 흘리셨다. 그러나 예수님은 그 상처를 통해서 결국 우리의 죄를 치유하셨다.

    구약성경의 이사야는, "그는 실로 우리의 질고를 지고 우리의 슬픔을 당하였거늘, …그는 징벌을 받아 하나님께 맞으며, 고난을 당하였다 하였노라… 그가 찔림을 받고 징계를 받고 채찍에 맞음으로 우리는 나음을 받았도다(이사야 53: 4-5)"고 말한다.

    예수님은 우리를 위해서 질고를 지셨다. 슬픔을 당하시고 창에 찔리시고 채찍을 맞으셨다. 우리를 치유하시기 위해서 스스로 상처 입은 자가 되셨다. 자신의 상처를 통해서 고통당하는 자들의 구원자가 되어주셨다. 목말라 하는 자들에게 자신의 피로써 생명수가 되셨고, 배고파하는 자에게 스스로 자신의 몸을 나누어서 생명의 양식이 되셨다. 십자가에서 받으신 멸시와 조롱은 고통의 현실 속에서 신음하고 있는 사람들에게 위로가 되어주신 것이다.

　우리가 지금 어떤 형태로든 상처를 갖고 있다면, 상처 입은 것으로 끝나서는 안 된다. 내가 상처를 입은 것은 나와 똑같은 상황 속에 있는 사람들의 위로자와 치유자가 되어주라는 하나님의 뜻이 담겨 있다. 적어도 우리가 예수를 닮기 원하는 사람이라면, 치유자로서의 삶을 살아야 한다. 그러므로 질병 때문에 상처를 받은 적이 있는가? 병든 자들을 찾아가서 권면하고 위로하라는 하나님의 뜻이 있는 것이다.

　물질 때문에 고통을 받은 적이 있는가? 물질 때문에 힘들어 하는 가난한 자들의 위로자가 돼라는 하나님의 뜻이다. 인간관계 때문에 상처를 당하신 분들이 있는가? 지금도 관계 때문에 고통을 당하고 있는 사람들에게 대화를 통해서, 말씀을 통해서, 기도를 통해서 그들의 친구가 되어주라는 뜻이 담겨 있다. 그 밖에 어떤 것들도, 이제는 더 이상 상처의 피해자 혹은 가해자가 아니다. 오히려 그 상처의 치유자가 되어야 한다. 간혹 우리는 자신이 '상처의 피해자'라고만 여기고 '상처의 가해자'임을 망각할 때가 많다. 부부싸움을 한 경우를 생각해 보라. 내가 상대방에게 상처를 입었다고 생각하고 원망하며 산다. 하지만 곰곰이 돌이켜보면, 내가 피해를 입었다고 생각하는 순간, 이미 내가 가해자의 자리에 서 있음을 발견하게 된다.

　어느 숲속에 아카시아 나무와 향나무가 살고 있었다. 사람들은 숲속의 오솔길에서 향나무의 향기를 맡으며 칭찬했다. 그러자 아카시아 나무는 향나무를 향해 시기와 질투심을 가졌다. 어느 바람이 몹시 부는 밤, 아카시아나무는 바람의 힘을 이용해서 향나무를 날카로운 가시로 찌르기 시작했다. 향나무는 여기저기 큰 상처를 입었다. 다음 날 아침 바람이 멎고 숲속 길로 사람들이 지나가다가 깜짝 놀라게 되었다. 향나무에서 그 어느 때보다도 더 많은 향기가 진동하는 것이었다. 게다가 아카시아나무에서도 향나무의 진액이 묻어 향나무의 향기를 발하고 있었다. 향나무는 자기를 찌르고 상처를 입힌 아카시아 나무를 미워하지 않고, 오히려 사랑으로 품어 향기를 나누어 주었던 것이다.

예수님은 이 향나무와 같으신 분이다. 예수님께서는 사람들에게 상처를 많이 받으셨지만, 오히려 향나무처럼 향기를 발하셨다. 그래서 사람들이 예수님께 가까이 가기만 하면, 위로를 받고 치유를 받는다. 또한 용기와 변화도 생긴다. 간음하다 현장에서 잡혀온 여인도, 남에게 손 벌리며 밑바닥 인생을 살던 앉은뱅이도, 주님께 용서받고 새롭게 변화되었다. 주님을 부인하던 제자도 용서를 받고 아주 귀하게 쓰임을 받았다.

우리는 예수님의 이러한 마음을 닮고자 그리스도인이 된 사람들이다. 그분의 온유한 마음과 겸손한 마음을 닮고자 하여 하나의 신앙 공동체를 형성했다. 온유함은 따뜻하고 부드러운 마음이다. 또 겸손함은 너그러운 마음이다. 만일 아직도 우리의 마음에 냉랭함이 가득하고, 옹졸하고 강퍅한 마음이 있다면, 우리 안에 있는 내적 상처가 치유되지 않았다는 증거다. 그러므로 예수님 안에서 치유되어야 한다. 예수님을 닮고자 하는 사람은 모든 사람을 품을 수 있는 넓은 마음을 가진 사람이다. "그 사람 내 맘에 안 든다는 말은 그 사람이 내 마음에 들어오지 않는다는 말이다." 그 사람이 내 마음에 안 들어오는 이유는 내 마음이 아직 열리지 않았기 때문이다. 내 마음이 조금만 더 크게 열리면, 섭섭하게 한 사람도, 상처를 준 사람도, 얼마든지 다 수용할 수 있다. 만일 우리가 일에 대한 오해와 다른 사람에 대한 부정적인 선입견으로, 우리의 마음 문을 닫는다면 상대방을 이해하지 못하는 경우가 생긴다. 결국 공동체 생활의 지장을 초래하게 된다. 따라서 신앙 공동체 안에서는 무엇보다도 우리의 마음 문이 활짝 열려야 한다.

예수님을 닮은 온유하고 겸손한 마음, 즉 부드럽고 너그러운 마음을 품으면 나에게 상처를 주었던 사람까지도 포용할 수 있는 큰 마음이 된다. 그러면 내 안에 있는 상처뿐 아니라 다른 사람의 상처까지도 품을 수 있게 된다. 성경은 "서로 용서하기를 하나님이 그리스도 안에서 너희를 용서하심과 같이 하라Forgiving each other, just as in Christ God forgave you.(에베소서 4:32)"고 말씀한다. 왜냐하면 상대를 용서하면 그 사람이 아니라, 그리스도 안에서 '내'가 치유되기 때문이다. 나우웬은 이 '용서'를 '환대Hospitality'라는 용어로 사용했다. 용서는 마음을 열고 상대방을 환대(받아들임)할 때 이루어진다.

다시 물어보자. 우리는 아픈 상처를 받은 적이 있는가? 또 다른 사람들에게 마음의 상처를 준 적이 있는가? 아직까지 그것 때문에 우리의 마음에 상처로 남아 있는가? 예수님은 자신의 삶을 통해 우리에게 진정한 '상처 입은 치유자'의 모습을 직접 보여주셨다. 누가복음 10장의 말씀에서, 강도 만나 상처를 입은 사람을 돌보아준 사마리아 사람을 가리켜 "진정한 나의 이웃"이라고 말씀하셨다. 이제, 우리 모두는 '〈상처 입은 치유자〉'로 살자. 그리고 그것으로 인해 기뻐하고 즐거워할 수 있다면, 우리는 "하나님의 은혜를 받았다"고 말할 수 있을 것이다. 상처 입은 치유자는 오직 하나님의 은혜 안에서 치유되는 것이다.

고인이 된 정채봉 시인의 〈상처 없는 새가 어디 있으랴〉라는 시가 있다.

> 상처는 pain^{고통}이 될 수도 있고, gain^{유익, 자산}이 될 수도 있습니다.
> 상처는 miss^{실패, 상실} 가 될 수도 있고, mission^{사명}이 될 수도 있습니다.

예수닮기_적용하기

1. 나만의 상처를 치료하는 방법이 있다면 무엇인가?
2. 내 삶 가운데 치료되기 원하는 상처가 있다면 무엇인가?

#10
감사의 삶

미국의 뉴스 진행자 드보라 노빌Deborah Norville이 쓴 《Thank You Power》, 번역하면 《감사의 힘》이라는 책이 있다. 이 책에는 불만투성이이던 사람들이 감사를 통해 행복하게 살게 된 여러 이야기들이 나온다. 식당 웨이터였던 한 청년이 감사의 생활화를 통해 굴지의 식품업체 부사장이 된 사연, 직장 상사 때문에 스트레스를 받았던 어떤 사람이 감사를 통해 그 모든 것을 극복하고 승진하게 된 사연, 어떤 사람이 감사를 통해서 기적적으로 살아남게 된 사연 등이 실려 있다. 이 책이 독자들에게 주고자 하는 메시지는 아주 간단하다. 그 책의 제목처럼 '감사의 힘'이다.

감사하면, 온갖 행복과 축복의 샘이 풍성하게 흘러 넘친다고 말한다. 그러한 감사들이 모이면 언젠가 우리 삶에 큰 기적을 불러일으킨다는 것이다. 이것이 바로 'Thank You Power', '감사의 힘'이고, 그러한 힘이 하나님을 향한 믿음 안에서 이루어질 때, 그것을 '감사 신앙'

이라 말한다.

일반적으로, 세상에는 네 종류의 사람이 있다. 첫째로 '받은 은혜를 잊어버리는 사람'이다. 화장실 들어갈 때 마음과 나올 때 마음이 다르다는 말이 아마도 이러한 경우에 해당된다. 어려울 때는 하나님을 찾는다. 그러다가 문제가 해결되고 나면 언제 그랬냐는 식으로 돌변하며 사는 사람이다.

둘째로 '받은 은혜를 배반하는 사람'이다. 은혜를 원수로 갚는다는 말이 있는데, 바로 이러한 경우에 해당된다.

셋째로 '받은 은혜를 감사하는 사람'이다. 우리가 사는 삶 자체를 은혜의 삶으로 여기며, 받은 은혜를 감사하는 사람이 여기에 해당된다.

넷째로 지금은 은혜를 받지 못했지만 '앞으로 받을 것을 미리 감사하는 사람'이다. 아직까지 문제가 해결된 것이 아니요, 여전히 문제와 어려움이 남아 있지만, 그럼에도 불구하고 응답해주실 것을 믿고 하나님의 역사를 체험하는 경우다.

신약성경에는 예수님이 나사로의 무덤 앞에서 감사의 기도를 한 내용이 나온다. "예수께서 눈을 들어 우러러보시고 이르시되 아버지여 내 말을 들으신 것을 감사하나이다(요한복음 11:41)"라고 기도한 경우다. 일반적인 상식으로는 도무지 가능성이 없고 감사할 수 없는 절망적인 상황이다. 그럼에도 불구하고, 주님은 '하나님께서 내 말을 들으신 것을 감사한다'고 기도하셨다. 결국 그 감사 기도에 의해 나사로는 살아났다. 주님께서는 오병이어를 가지고 5,000명을 먹이시고 열두 바구니나 거두는 기적도 일으키셨다. "예수께서 떡 다섯 개와 물고기 두 마리를 가지사 하늘을 우러러 축사하시고(마가복음 6:41)"라 말씀한다. 여기에 보면 '축사하셨다'는 말이 나오는데, 영어 성경으로 보면 'Give thanks' 감사를 드렸다. 즉 '감사 신앙'을 가졌다는 말이다.

또한 열 명의 나병 환자가 치유된 이야기도 나온다. 그런데 아홉 명은 그길로 제 갈 길로 갔던데 반해, 단 한 사람 사마리아 사람만이 예수님께 다시 돌아와서, 예수님 발 앞에 엎드려 감사를 표했다. 그러자 예수님은 그에게 놀라운 축복의 말씀을 해주었다. "일어나 가라. 네 믿음이 너를 구원하였다(누가복음 17:19)". 즉 예수님은 나병을 고침받고 엎드려 감사를 한 그에게 육신의 고침뿐만 아니라 '영원한 구원'을 선물로 주셨다.

구약성경을 읽어보라. 다니엘은 바벨론에 포로로 잡혀갔으나, 하나님의 은혜로 총리가 되었고, 메대의 다리오 왕에게 사랑을 받았다. 그러자 다니엘을 시기하고 질투하는 사람들이 그를 죽이기 위해 허물을 찾았지만 찾지 못했다. 그러다가 그들은 다니엘이 하루에 3번씩, 하나님께 기도한다는 사실을 알아내고는, 그를 죽이기 위해 음모를 꾸민다. 30일 동안 왕 외에 어떤 신에게 기도하는 사람은 사자 굴에 던져 넣는다는 법령을 만들어 왕의 도장을 찍어 전국에 붙였다. 다니엘은 그 사실을 알았지만, 감사 기도를 포기할 수가 없었다.

다니엘서 6장 10절에는 이렇게 기록되어 있다.

다니엘이 이 조서에 왕의 도장이 찍힌 것을 알고도 자기 집에 돌아가서는 윗방에 올라가 예루살렘으로 향한 창문을 열고 전에 하던 대로 하루 세 번씩 무릎을 꿇고 기도하며 그의 하나님께 감사하였더라(다니엘 6:10)

여기서 중요한 것은 다니엘 자신이 기도하면 사자 굴에 던져진다는 것을 알고도, 평소대로 하나님께 기도하고 감사했다는 사실이다. 결국 이 일로 다니엘은 사자 굴에 던져진다. 하지만 하나님의 천사는 사자의 입을 막아서 그가 사자 굴에서 살아날 수 있게 되었고, 더욱 왕의 사랑을 받고 형통한 삶을 살게 되었다. 감사 신앙을 갖고 사는 사람들의 결과가 무엇인지를 가르쳐준다.

이처럼 감사는 하나님의 위대한 능력을 체험하게 되는 원동력이다. 감사는 축복의 문을 여는 열쇠다. 감사할 때 하나님의 초월적인 역사를 경험하게 된다. 감사는 합리적이고 논리적인 계산에 의해 주어지는 것이 절대 아니고, 하나님께로부터 받은 은혜에 대한 감격으로 표현되는 것이다. 그러므로 예수님을 닮기 원하는 모든 사람들은 감사가 삶으로 드러나야 한다.

통계에 의하면 감사하는 사람은 원망하고 불평하는 사람보다 훨씬 더 건강하고 장수한다고 한다. 또한 감사하는 사람은 원망하고 불평하는 사람보다 세상에서 성공할 가능성이 훨씬 높다고 한다. 왜냐하면 감사를 드리는 사람에게 하나님이 은혜를 베풀어주시기 때문이다.

감사로 제사를 드리는 자가 나를 영화롭게 하나니 그 행위를 옳게 하는 자에게 내가 하나님의 구원을 보이리라(시편 50:23)

그처럼 하나님께서는 우리의 감사를 매우 기뻐하신다. 감사하는 사람에게 은혜 위에 은혜를 베푸시고, 축복 위에 축복을 더하신다.

마태복음에는 예수님의 비유의 말씀이 있다. 이 이야기는 어쩌면 필립 얀시가 말한 것처럼, '은혜의 황당한 계산법'을 보여준다. 이 이야기 속에는 불만을 품고 원망과 불평하는 사람이 등장한다. 포도원 주인은 포도원에서 하루 해가 지고 일이 끝난 다음, 일꾼들에게 약속한 품삯을 한 데나리온씩 나눠준다. 먼저 맨 나중 11시에 온 일꾼, 즉 한 시간만 일한 사람에게 하루 품삯인 한 데나리온을 준다. 그때 이른 아침에 먼저 온 일꾼들은 이렇게 생각한다. '한 시간 일한 사람이 한 데나리온을 받았다면, 우리는 아무리 못 받아도 다섯 데나리온 정도는 받겠지.'

그러나 그 생각은 오산이었다. 나중에 그들의 손에 쥐어진 돈은 한 데나리온뿐이었다. 그러자 그들은 불만을 표출했다. "세상에, 이런 경우가 어디 있는가?", "어떻게 한 시간 일한 사람과 종일 뙤약볕에서 수고한 사람을 같이 취급한단 말인가?" 그때 주인이 이렇게 대답한다. "나중 온 이 사람에게 너와 같이 주는 것이 내 뜻이니라(마태복음 20:14)". 여기서 먼저 온 자들이 원망과 불평을 한 이유가 무엇인가? 그들은 나중 온 자들과 비교했다. 비교하는 순간 원망과 불평이 터져

나왔다. 아주 빨리 머리로 계산부터 했다는 것이다. 다음으로, 먼저 온 자가 감사하지 못한 이유는 '공로 의식'과 '보상 의식' 때문이다. 맨 나중에 온 사람보다 자기가 먼저 와서 일했기에, 당연히 많은 보상을 받을 것이라는 기대심리가 작용한 것이다. 반면에, 제일 마지막에 부름 받은 일꾼은 어떤 심정이었을까? 그는 자기를 불러준 것만으로도 감사했을 것이다. 제일 먼저 와서 일하는 품꾼과 마지막 품꾼의 일에 대한 태도가 너무나 달랐다. 한 사람은 보상 심리로 일했고, 다른 한 사람은 감사하며 일했다. 이렇게 감사하며 사는 삶을 '은혜가 충만한 삶'이라고 한다.

"나는 감사한다 고로 나는 존재한다." 얼마나 멋진 말인가? 신앙생활은 한마디로 감사하는 생활이다. 하박국 선지자가 고백한 것처럼, 어떤 불만족스러운 상황 속에서도 "주 여호와는 나의 힘이시다(하박국 3:19)"라는 믿음을 가지고 감사함으로 살아가는 것이다. 그것이 바로 '감사 신앙'이다.

'감사는 0.3초의 기적'이라는 말을 들어본 적이 있는가? 우리가 가슴으로 감사를 느끼는 시간이 0.3초가 걸리기 때문이란다. 그러므로 감사를 위해 0.3초를 투자하라. 감사의 생각과, 감사의 말과, 감사의 행동을 자주 하라. 그 속에 놀라운 주님의 은혜와 축복이 임할 것이다. 없는 것 때문에 불평하지 마라. 어렵고 힘든 환경 속에서 낙심하거나 좌절하지 마라. 이미 지나간 것에 미련을 두고 안타까워하지 마라. 오히려 우리의 잃었던 감사를 회복할 수 있어야 한다. 감사는 절망과 각종 어려움을 극복하게 하는 기적의 원천이다. 그러므로 감사 신앙을 가지라. 그리하면 은혜의 감격으로 기적을 체험하는 놀라운 일들이 반드시 나타날 것이다. 감사 신앙은 예수님을 닮으려는 믿음의 사람들에게 가장 중요한 신앙의 형태이다.

예수닮기_적용하기

1. 나는 네 가지 유형의 사람 중 어느 유형에 속하나?
2. 미리 감사할 세 가지를 써본다면?

04
희망의 영성

… **#1**

불신앙을 넘어선 삶

　어느 날 연날리기 시합이 있었다. 참가자 중에는 눈이 보이지 않는 소년도 있었다. 사람들은 이 소년이 어떻게 연날리기를 할까 궁금했다. 한 사람이 그 소년에게 물었다. "애야, 너는 네 연이 어디 있는 줄 아니? 땅에 떨어졌는지 하늘로 날아갔는지 넌 잘 모르지 않니?" 그러자 아이는 조금도 주저하지 않고 분명하게 대답했다. "무슨 말씀이세요? 제 연은 지금 공중에 높이 떠 있잖아요? 아주 잘 날고 있네요." 그 사람이 "너는 보지도 못하는데 그것을 어떻게 아니?" 하고 다시 물었을 때, 소년은 다시금 자신 있게 말했다. "보지 못해도 이 연줄이 팽팽하게 끌어당겨지는 것을 느끼니까 제 연이 하늘 위에 높이 떠서 잘 날고 있다는 것을 믿을 수 있거든요." 그렇다. 성령의 줄이 나를 당기고 있음을 느낄 때 믿음이 생긴다.

　이처럼, 믿음은 보이지 않아도(눈으로 확인할 수 없어도) 그것을 느낌으로(영적으로) 믿는 것을 의미한다. 우리가 아직도 신앙과 불신앙 사이의 회색지대에 서 있다면, 이 시간 이후 불신앙을 넘어서기를 바란다. 그러기 위해서 내가 아는 지식을 넘어서야 하고, 나의 경험과 이성을 넘어설 수 있어야 한다. 나아가, 나의 의심과 독단과 교만을 넘어서야 한다. 신앙생활을 한다는 것은, 어거스틴의 말처럼 "알고서 믿는 것이 아니라, 믿고서 아는 것이 더 바람직하기" 때문이다.

중세의 신학자요 철학자인 안셀름ST. Anselmus은 그 유명한 철학적 명제를 이렇게 설명했다. "I UNDERSTAND BECAUSE I BELIEVE" 즉, 내가 무언가를 이해하기 때문에 믿는 것이 아니라, 나에게 믿음의 확신이 있기 때문에 이해가 된다는 말이다. 신앙과 이성의 관계에 우선순위가 무엇이냐에 따라 그 삶의 모습이 달라진다는 것이다.

예수님은 부활하신 후, 제자들에게 자신을 보이셨다. 그러나 다른 제자들과 달리, 도마는 부활하신 예수님을 직접 보지 못했기 때문에 믿지 못하겠다고 한다. 그 후 부활하신 예수님이 다시 오셔서 평강을 주시며 도마에게 손과 옆구리를 보여주시고 "믿음 없는 자가 되지 말고 믿는 자가 되라"고 하신다. 그 일이 있은 후, 예수님을 만난 도마는 예수님을 향해, "나의 주님이시요, 나의 하나님이시라MY LORD, MY GOD (요한복음 20: 28)"고 고백했다. 여기서 한 가지 주목해야 할 부분은 왜 도마가 예수님을 의심하게 되었나 하는 점이다. 중요한 힌트가 무엇일까? 그가 다른 제자들과 함께 그 자리에 있지 않았다는 사실이다.

우리들에게도 이런 일은 종종 일어난다. 결정적인 순간에 그 자리에 빠지고서는 후에 왜 그런 일을 했냐고 불평을 할 때가 많다. 중요한 말이나 일을 할 때에, 흘려듣고는 잘 몰랐다고 이의를 제기하기도 한다. 도마가 그랬다. 다른 제자들은 예수님이 나타나셨을 때 모두 그 자리에 있었지만, 오직 그만 주님과 함께 있지 않았다. 그러고는 믿지 못하겠다는 것이었다. 누구에게 문제가 있는 것인가? 은혜와 축복을 받기 원한다면 주님과 함께 그 자리에 있어야 한다. 주님의 옷자락을 만졌던 혈루증 여인이 병 고침을 받는 은혜를 누릴 수 있었던 것도 그녀가 주님의 자리에 가까이 다가갔기 때문이다.

도마에 관한 말씀은 요한복음 두 곳에 더 나온다. 11장에서, 예수님께서 나사로가 죽었다는 소식을 듣고 예루살렘 근처에 있는 베다니로 가려고 했을 때, 모든 제자들이 말렸다. 그곳에 가면 위험하다는 것이었다.

그러나 도마는 다음과 같이 말했다.

> 무슨 소립니까? 우리는 주님과 함께 살고 주님과 함께 죽어야 합니다(요한복음 11:16)

여기서 도마는 매우 적극적이었고, 예수님을 향한 강한 충성심을 보여주었다.

또 14장에서, 최후의 만찬 때에, 예수님은 제자들에게 자신의 생이 얼마 남지 않음을 말씀하시면서 "내가 어디로 가는지 그 길을 너희가 알지 않느냐? 그러니 마음에 근심하지 말라"고 제자들을 위로하셨다.

비통한 제자들은 아무 말이 없었다. 그때, 도마가 침묵을 깨고 이렇게 말했다. "주님이 어디로 가시는지도 모르는데 저희가 어떻게 그 길을 알겠습니까?" 그때 예수님께서 다음과 같이 말씀을 하신다.

> 내가 곧 길이요, 진리요, 생명이니, 나를 통하지 않고는 아버지께로 올 사람이 아무도 없다(요한복음 14:5,6)

여기서도 도마는 다른 제자들과는 달리 매우 솔직하고 호기심도 많았다. 이런 성격의 도마였기에, 예수님께서 부활하셨다는 소식과 주님의 손과 옆구리를 보았다는 다른 제자들의 말을 듣고 이렇게 말할 수 있었던 것이다.

> 난 내가 직접 그분의 손에 있는 못 자국을 보고, 내 손을 그의 옆구리에 넣어보기 전에는 믿지 못하겠다(요한복음 20:25)

이런 도마에게 주님께서 다시 나타나셨다. 그를 힐책하거나 야단치기 위한 것이 아니라, 그를 인정하고 사랑으로 품기 위한 것이었다. 도마에게 나타나신 주님은 손과 옆구리를 보여주시며 말씀하셨다.

> 네 손가락을 여기에 찔러보아라. 네 손을 내밀어 내 옆구리에 넣어보아라. 그리고 믿지 않는 자가 되지 말고 믿는 자가 되라(요한복음 20:27)

즉 확증하고 믿으라는 것이다. NIV 성경에는 "STOP DOUBTING AND BELIEVE!", 우리말로 하면 "그만 의심하고 믿어라!"이다. 또 이 말씀이 NKJV에는 "DO NOT BE UNBELIEVING, BUT BELIEVING" 이렇게 나와 있다. "믿지 않는 자가 되지 말고 믿는 자가 되라"는 것이다.

예수님의 부활은 어떤 자연적 현상이나 일상적 경험이 아니기 때문에 믿기가 쉽지 않다. 그런 점에서 '보아야 믿을 수 있지 그렇지 않으면 믿을 수 없다'는 도마의 의심은 지극히 당연한 일인지 모른다. 하지만 그것이 합리적이고 과학적인 태도일 수는 있으나, 믿음의 태도는 아니다. 믿음은 다음과 같기 때문이다.

> 믿음은 바라는 것들의 실상이요, 보이지 않는 것들의 증거니(히브리서 11:1)

오늘날에도 도마와 같이 의심을 품고 그리스도의 부활을 믿지 못하는 사람들이 얼마나 많은가? 그것은 인간의 의심, 불신, 교만, 아집이 그 안에 아직도 남아 있기 때문이다.

불신앙을 넘어선 신앙이란, 보지 않고도 믿는 '믿음'이다. 그때의 그 믿음은 영적인 것이기 때문에, 보이지 않는 것이 영적인 것으로 느껴질 때에만 비로소 이뤄진다. 즉 보지 않고도 믿을 수 있는 영적인 믿음이 있을 때, 은혜가 임하게 된다는 것이다. 은혜는 깨닫는 것이 아니라 느끼는 것이다. 부활하신 주님을 만나고 주님의 영적인 사랑을 받은 도마는 믿음이 생긴 이후 놀라운 고백적 태도를 보였다. 믿기 어려운 것이었기에 믿으려 하지는 않았지만, 부활하신 주님을 만남으로써 믿음의 확신을 갖고 자신의 내면을 솔직하게 나타내 보였던 것이다.

대부분의 사람들은 자신의 내면을 잘 드러내지 않는다. 심지어 표정 관리, 이미지 관리를 잘해야 된다고 공공연히 말한다. 그러나 세상 사람들과의 관계에서는 내면의 모습을 잘 드러내지 않는 것이 이득일 수 있지만, 부모, 형제, 친구, 연인, 믿음의 성도들 간에는 자연스럽게 내면을 드러냄으로써 더 깊은 관계로 발전할 수 있다. 무엇보다 주님과의 관계는 더욱 그러하다. 솔직하게 주님 앞에 우리의 연약한 믿음을 고백하고, 주님께 우리의 속마음을 내어드리면, 주님과 더 가까워지고 은혜가 더 깊어지는 것이다. 주님께서는 오늘도 우리에게 이것을 요구하신다.

이제, 주님을 만난 도마는 불신앙을 넘어서 신앙이 생겼다. 이전의 자아가 완전히 무너진 것이다. 그의 신앙고백, "MY LORD, MY GOD"은 당시 그리스도에 대한 고백 중 그 어떤 것보다 뛰어난 것이었다. 이후 도마는 부활의 주님을 증거하는 삶을 살았고 멀리 인도까지 가서 복음을 위해 순교했다고 전해진다. 우리도 마찬가지다. 이제껏 불신앙의 삶을 살았지만, 새롭게 믿음을 얻고 그리스도에 대한 확신으로 온전한 삶을 산다면, 우리의 삶은 축복된 삶이 될 것이다. 다시 사신 예수님은 '지금 여기 HERE AND NOW' 우리와 함께 계신다. 여기서 우리들을 격려하신다. 그리고 이렇게 말씀하신다.

> 너희는 나를 본 고로 믿느냐 보지 못하고 믿는 자들은 복되도다(요한복음 20:29)

예수님을 닮겠다는 것은 바로 이러한 믿음으로의 전환의 삶을 의미한다.

예수닮기_적용하기

1. 나는 언제 믿음의 확신이 생기나?
2. 지금 내 믿음의 삶을 방해하는 요소가 있다면 무엇이며 어떻게 넘어서야 할까?

#2

부활 신앙의 삶

일본에 우찌무라 간조라는 유수한 신학자가 있었다. 한 대학생과의 대화 속에서 그의 신앙을 확인할 수 있었다. 그 대학생은 "선생님, 성경에 나온 이야기가 저는 믿어지지 않습니다. 뭐, 물 위를 걸어갔다, 또 처녀가 아기를 낳았다, 예수가 죽었다가 다시 살아났다, 이런 모든 것이 전혀 믿어지지 않습니다. 그런데 왜 믿어지지 않는 것을 믿으라고 강조하십니까?"라고 했다. 그러자 이 우찌무라 간조는, "그래, 나는 성경을 보니 창세기 1장 1절에 '태초에 하나님이 천지를 창조하시니라' 또 맨 마지막 요한계시록을 보니 '주 예수여 오시옵소서'라고 처음부터 마지막까지 전부가 기적의 말씀인데, 성경에서 기적을 빼고 나면 앞뒤 껍데기밖에 남지 않겠더구먼. 그런데 그 기적을 믿고 안 믿는 것은 자유지만, 믿는 자라야만이 구원받은 신앙인이 되는 것이지"라고 답변했다.

예수님의 부활 사건은 구원받은 성도들에게 있어서, 가장 중요한 신앙 고백적 사건이다. 로마서에서도 분명히 말했다.

> 네가 만일 예수께서 죽은 자 가운데서 다시 살아나신 것을 너의 마음에 믿으면 구원을 받으리라. 사람이 마음으로 믿어 의에 이르고 입으로 시인하여 구원에 이르니라(로마서10:9)

부활 신앙은 기독교 신앙의 핵심이요, 생명이다. 우리 모두는 부모님이 나를 낳아주셔서 오늘 이렇게 존재한다는 불변의 사실을 믿는다. 왜 믿는가? 나를 낳는 것을 보았기 때문인가? 합리적이고 과학적 근거가 증명되었기 때문인가? 보지도 못했는데 어떻게 믿을 수 있는가? 부모님의 생명이, 그들의 DNA가 나에게 남겨져 있기 때문이다. 그렇듯이, 믿는 자들은 하나님의 생명, 성령의 DNA가 내 안에 들어와 활동하고 있을 때, 구원받은 성도라는 불변의 사실을 믿는다.

아파서 병원에 입원해본 사람은 공감할 것이다. 아픈 몸의 치유와 회복의 시간을 가지면서, 하나의 깨달음을 얻는다. 치유와 회복은 다시 살아난다는 뜻이고 또 새 생명을 얻는다는 의미이지, 그것이 단순히 아픈 부위의 통증이 사라지고 상처가 아문다는 의미가 아니다. 비록 상처는 아물고 통증은 사라졌어도, 내 몸 안에 생기가 없으면, 그것은 결코 회복이나 새 생명의 의미가 아니다. 내가 살아 있다는 것, 또 다시 산다는 것은 내 안에 하나님이 주신 바로 그 '생기(루앗하, 하나님의 영)'가 들어 있어야만이 가능하다.

그런 의미에서 구약성경 에스겔은 "너희 마른 뼈들아 여호와의 말씀을 들을지어다. 내가 생기를 너희에게 들어가게 하리니 너희가 살아나리라(에스겔 37:4,5)"고 말한다. 하나님은 도저히 가망이 없는 많은 뼈들을 보여주시며 "이 뼈들이 능히 살아나겠느냐?"라고 물으신다. 그때 에스겔 선지자는 "나는 모르겠습니다. 생기를 주시는 여호와 하나님만이 아시는 일이지요"라고 답변한다. 이후 뼈들이 서로 연결되고 힘줄이 생기고 살이 오르며 그 위에 가죽이 덮여도, 생기가 없는 고로 살아나지 못했으나, 그들에게 생기가 들어가니 그들이 곧 살아나고 일어나서 극히 큰 군대를 이루었다고 했다(에스겔 37:8-10).

2600년 전, 이스라엘은 바벨론에게 패망해, 도저히 다시 회복될 가망이 없는 민족이었지만, 그들이 다시 회복될 수 있는 길은 여호와의 말씀을 귀 기울여 듣고, 하나님이 불어넣어주시는 '영적 기운', 곧 생기를 얻음으로써 가능해진다는 사실을 선포한 것이다. 도저히 가능성이 없을 듯하나, 그래도 하나님의 '권능'이(1절, 히브리어 '야드'-'손'이란 의미) 내 안에 거하시면 가능케 하신다는 "impossible possibility"를 보여주신 것이다(참고: 누가복음 18:27, "사람이 할 수 없는 것을 하나님은 하실 수 있느니라"). 열두 해 동안 혈루증을 앓고 있던 여인이나, 38년 동안 앉은뱅이로 베데스다 연못가에 있던 사람들은 모두가 하나님의 손길을 경험한 사람들이다. 다시 말해서, 생명의 능력은 하나님의 주권에 속해 있다는 말이다.

너는 마음을 다하여 여호와를 신뢰하고 네 명철을 의지하지 말라.
너는 범사에 그를 인정하라 그리하면 네 길을 지도하시리라(잠언 3:5)

신약성경 복음서에도 보면, 예수님의 부활을 '믿지 않는다'는 사람들이 자주 등장한다. 부활하신 예수님께서 막달라 마리아에게 제일 먼저 나타나셨을 때, 마리아가 제자들에게 이 소식을 전해주었으나 믿지 않았다(마가복음 16:11). 시골로 내려가다가 부활하신 예수님을 만난 제자 두 사람이 다른 제자들에게 알렸으나 그들도 역시 믿지 않았다(마가복음 16:13). 그때, 부활하신 예수님은 11명의 제자들이 음식을 나눌 때 또다시 나타나셨다. 이 식사 자리에서 예수님은 제자들을 꾸짖으신다.

그들의 믿음 없는 것과 마음이 완악한 것을 꾸짖으시니 이는 자기가 살아난 것을 본 자들의 말을 믿지 아니함일러라(마가복음 16:14)

그렇다면 부활은 누가 믿는 것인가? 믿음이 있는 사람들과 예수님께 마음이 열려 있는 사람들이 믿는 것이다.

마가복음에서 부활하신 주님을 믿지 않은 제자들을 꾸짖으신 뒤, 이제 주님께서는 제자들이 해야 할 사명을 일러주셨다. 이것이 바로 부활 신앙의 삶을 살아가는 우리가 가져야 할 사명이자 책임이다.

너희는 온 천하에 다니며 만민에게 복음을 전파하라 믿고 세례를 받

는 사람은 구원을 얻을 것이요 믿지 않는 사람은 정죄를 받으리라(마가복음 1:15-16)

복음이란 무엇인가? 기쁜 소식이다. 전쟁에서 이겼다는 승전보가 복음이고, 예수께서 죄와 죽음의 권세를 이기시고 부활하셨다는 사실이 복음이고, 아픈 자가 병마에서 일어나 다시 건강을 회복했다는 사실이 복음이고, 좌절과 실의를 이기고 다시 일어나 소망 가운데 살아가게 되었다는 것도 복음이다. 우리는 이 복음의 소식을 세상에 전파해야 한다. 거기서 삶의 변화가 일어나기 때문이다.

마가복음을 자세히 읽어보니, 부활하신 주님을 직접 보고 믿은 뒤부터 제자들의 삶은 달라졌다는 사실을 알 수 있다. 용기와 소망이 생겨났고 기쁨과 감사가 충만했다. 무엇보다도 무엇을 위하여 살고 무엇을 위하여 죽어야 할지에 대한 제자로서의 삶의 목적이 분명해졌다. 그런 의미에서, 부활 신앙의 삶은 곧 전도의 삶과 연관된다. 지금 우리가 사는 세상을 둘러보라. 얼마나 많은 독사들이 우리를 물어대고 있는가? 우리의 영혼과 육체를 죽음으로 몰아넣는 독약들은 또 얼마나 많은가? 하지만 부활하신 예수님을 믿는 사람들은 세상의 그 어떤 것도 해치지 못하도록 하나님께서 함께하시고 지켜주신다. 하나님의 권능으로 - 하나님의 손으로 돌보신다)는 확신을 가지고 살아야 한다.

마가복음 후반부에서는 아픈 사람에게 손을 얹으면 낫는 역사가 일어난다고 했다. 부활 신앙의 삶은 반드시 치유와 회복의 역사와 연결

된다는 것이다. 이 세상에는 육신적으로 병든 이들도 많고, 영적으로 정신적으로 병든 이들도 많다. 그런데 우리가 부활 신앙을 가지게 되면, 이와 같이 병든 이들을 고치는 역사, 생기를 불어넣는 일도 나타난다. 물론 그것은 우리 능력으로 치유하는 것이 아니다. 다시 사신 나사렛 예수의 이름과 권능으로 고치는 것이다. 예수님을 닮기를 원하는 우리들은 어떠한 믿음으로 살아갈 것인가?

예수닮기_적용하기

1. 부활하신 주님이 오늘 우리 집에 찾아오신다면 가장 하고 싶은 말은 무엇인가?
2. 부활의 증인이 되어 사는 삶은 어떤 삶일까?

#3
앙망하는 삶

　미국 미시건 대학교의 스테파니 브라운Stephanie Brown 박사는 인간의 욕심과 수명에 관한 연구를 했다. 연구 결과에 의하면, 욕심이 많은 사람들의 사망률이 욕심이 적은 사람의 사망률보다 거의 3배가 더 높은 것으로 나타났다. 이유는 욕심 많은 사람이 그 욕심에 오장육부가 더 눌려서 잠도 못 자고 고통을 당하게 됨으로써 더 많은 스트레스를 받아 빨리 생명을 단축시켰기 때문이다.

　욕심은 자기 능력보다 더 가지려고 하는 마음이다. 과도한 욕심으로 인한 스트레스는 몸과 마음을 병들게 하지만, 마음의 욕심을 버리고 자신이 가진 것으로 많건 적건 이웃에게 나누고 베풀 때는 건강뿐만 아니라 더욱 풍성한 은혜와 축복의 삶을 살 수 있다. 무엇이든지 내 고집대로 끝까지 하려고 하면 항상 스트레스를 받게 된다. 따라서 이러한 자신을 극복하기 위해서는 내 힘이 아닌 하늘로부터 오는 새 힘이 필요하다.

여기서 '새 힘을 얻다renewing the strength'라는 말은 어원적으로 '새 옷으로 갈아입는다'는 뜻이다. 계절이 바뀌어 새 옷을 입듯이, 전혀 다른 성격의 힘을 공급받는다는 것이다. 그 힘은 거듭남의 생명력이며 위로부터 주어지는 '성령의 새로운 능력'이다.

구약성경의 이사야는 "소년이라도 피곤하고 곤비하며 장정이라도 넘어지고 자빠지나, 넘어지거나 자빠지지 않고 새 힘을 얻을 수 있는 비결이 있다"고 말한다. "여호와를 앙망하면" 그렇게 된다는 것이다. '앙망'이란 단어는 일반적으로 잘 사용하지 아니하는 성경적인 용어다. 앙망한다는 것은 仰: 우러를 앙(믿다, 따르다), 望: 바랄 망(기대하다, 멀리 내다보다), 믿고 따르는 마음으로 기대하는 것을 말한다. 히브리어로 '카바'인데, '기다림'을 의미한다. 단순한 수동적 기다림이 아니라 최고의 우선순위를 둔 전적인 신뢰의 능동적 기다림이다. 그래서 '앙망'은 '소망hope'이란 단어와 병행을 이룬다. NIV 영어 성경에는, 앙망하는 자를 'who hope in the Lord'-'주님 안에서 소망하는 자'라고 번역했다. 주님 안에서 믿고 기대하며 소망하는 사람은 하나님께서 부어주시는 새 힘을 얻게 된다는 말씀이다.

여기서 '주님 안에서in the Lord'라는 말이 매우 중요하다. 우리 삶의 어떤 절망적인 상황에서도 그 문제에 매어 있지 않고 하나님을 찾고 그분을 바라보는 것이다. 소년 다윗이 장수 골리앗 앞에 섰을 때, 그 엄청난 골리앗을 쳐다보지 않고 하나님을 바라보고 담대히 나갔을 때, 그와 싸워 이길 수 있었다. 세상을 살아가다 보면 내 인생이 이제는 끝장이구나 하는 골리앗 같은 절망에 부딪칠 때가 종종 있다. 그때에 그 문제만 바라보며 낙망하지 말고, 눈을 들어 하나님을 쳐다보고 의지하라는 말씀이다.

데이터에 의하면, 우리가 걱정하는 문제들의 40%는 지난 과거의 일 때문이고, 50%는 존재하지 않는 미래에 속한 것이고, 오직 10%만이 현재 존재하는 일이라고 한다. 믿음의 눈으로 현재에 소망을 두고 하나님을 바라보고 의지하면 반드시 극복할 수 있고 치료될 수 있다. 〈TV 월드〉라는 프로그램은 〈유로비전 페스티벌〉에서 2등 한 팀을 소개했다. 러시아의 작은 시골 마을 우드무르티야의 할머니 중창단이다. 그 팀의 멤버는 5명 이상의 칠십대 할머니와 사십대, 오십대 육십대 할머니로 구성되었다. 그들은 한 가지 소망이 있었기에, 힘들지 않게 잘 공연을 마칠 수 있었다고 말한다. 그 한 가지의 목적은 마을에 교회당을 짓기 위한 모금을 하기 위한 것이었다. 마음과 영혼의 소리를 낼 수 있었던 것은 주 안에서의 소망을 가진 자, 곧 하나님을 앙망하는 한 가지 일이었다.

시편의 저자는 다음과 같이 고백했다.

내가 산을 향하여 눈을 들리라 나의 도움이 어디서 올꼬 나의 도움이 천지를 지으신 여호와에게서로다(시편 121:1-2)

또 바울은 권면했다.

> 아무것도 염려하지 말고 오직 기도와 간구로 너희 구할 것을 감사함으로 하나님께 아뢰라 그리하면 너희 마음과 생각을 지키시리라(빌립보서 4:6,7)

이사야 선지자는 이렇게 말씀하고 있다.

> 너희는 귀를 기울이고 내게 나아와 들으라. 그리하면 너희 영혼이 살리라(이사야 55:3)

수직적인 삶의 프레임을 가지고 늘 하나님을 쳐다보고 하나님과 함께 동행하는 삶을 살면, 강건하고 형통하게 될 것이라는 말씀이다.

진주는 땅에서 캐지 않고 바다 속에서 나오는 보석이다. 서구 사회에서는 엄마가 시집가는 딸에게 진주를 주는 전통이 있다고 한다. 이때 진주를 '얼어 붙은 눈물 frozen tears'이라고 부르는데, 그것은 딸이 시집가서 흘리는 눈물을 상징하는 것이다. 바다 속 조개의 연한 살 속으로 거친 모래가 들어오면, 들어온 모래를 인정하고 나카 Nacre라는 눈물의 진액을 내서 모래를 코팅하기 시작한다. 연한 살에 까실까실한 모래가 얼마나 아프겠는가? 그래서 조개는 모래를 향해서 열심히 '나카'라는 진액으로 덮는 것이며, 이러한 작업이 진주의 눈물로 표현되는 것이다. 수개월 수년 동안 눈물로 모래를 코팅하다 보면, 그 '나카'라는 눈물이 얼어붙고 커져서 진주라는 아름다운 보석이 된다는 것이다.

　마찬가지다. 우리가 고난을 인내하고 여호와를 앙망하고 기다리면 기쁨이 오고, 내가 사랑으로 감싸고 눈물로 인내할 때에 후일 큰 영광을 경험하게 된다. 우리가 하나님 앞에서 기다리면 받게 되는 새 힘은 분명 성령이 주시는 힘이다. 인생에 피곤하고 외롭고 슬프고 갈증이 생겼을 때, 하나님이 성령으로 오셔서 우리의 모든 삶의 목마름을 채워주심으로 새 힘을 얻는다. 성령은 우리가 이 세상에서 지치고 피곤해 기운이 쭉 빠졌을 때, 생기로 우리를 충만하게 채워 힘을 더해준다. 그리고 성령이 충만하게 채워지면, 우리 마음속에 새로운 기쁨과 소망을 간직하게 된다.

　신약성경 사도행전에 보면, 성령이 충만해서 하나님을 앙망하는 자, 스데반 집사에 관한 말씀이 있다. 그의 삶은, 첫째, 하늘을 우러러 보며 살았다.

> 스데반이 성령이 충만하여 하늘을 우러러 주목하여 하나님의 영광과 및 예수께서 하나님 우편에 서신 것을 보고(사도행전 7:55)

　성령이 충만한 스데반은 죽음에 직면한 상황에서도 하늘을 우러러 주목했다. 여기서 '주목했다'는 말은 '집중했다, 오직 주님께 초점을 맞추었다'는 말이다. 즉, 하나님과 그리스도를 믿음의 눈으로 보고 의

지했다는 뜻이다.

우리는 위기에 직면했을 때, 그 위기만을 바라보면 안 된다. 그 위기의 환경이나 문제만을 보면 위축되거나 절망하기 쉽다. 우리는 위기 때에 스데반 집사처럼 먼저 그 눈을 하늘로 돌리고 믿음의 눈으로 보고 의지할 수 있어야 한다. 시편 저자는 다음과 같이 고백했다.

> 내 영혼아, 네가 어찌하여 낙망하며 내 속에서 불안하여 하는고? 너는 하나님을 바라라(시편 42:5)

우리의 도움은 하나님께로부터 온다는 것이다.

둘째, 부르짖어 기도해야 했다. "스데반이 부르짖어 이르되 주 예수여, 내 영혼을 받으시옵소서 하고, 무릎을 꿇고 크게 불러 가로되 주여, 이 죄를 저들에게 돌리지 마옵소서(사도행전 7:59-60)". 성령이 충만한 자, 스데반은 돌에 맞아 죽어가면서도 부르짖어 기도했다. 그가 이처럼 예수님께 자신의 영혼을 부탁할 수 있었던 것은 몸은 죽으나 영혼은 멸하지 않고 주님이 계신 영광의 나라에 들어갈 것으로 확신했기 때문이다. 이러한 확고한 믿음이 그로 하여금 순교의 고통을 견뎌내도록 했던 것이다. 그는 죽음에 직면한 상태에서도 시종 일관 성령 충만한 자, 하나님을 앙망하는 자의 모습을 유지했다.

시편을 보면 다음과 같은 말씀이 있다.

내가 환난 중에 여호와께 부르짖었더니 내게 응답하셨도다(시편 120:1)

우리는 환난을 당할 때 낙심하지 말고, 오히려 눈을 들어 하늘을 우러러보며 부르짖어 기도해야 한다. 반드시 하나님께서 응답해주실 줄 확신해야 한다. 신자들의 기도는 하나님의 보좌에 올라가는 향과 같다. 하나님께서는 그들의 기도를 귀하게 여기신다. 우리가 하나님 앞에 기도할 때 하나님과 연결된다. 우리의 도움이 되시는 하나님과 믿음의 주, 온전케 하시는 예수님을 우러러보고, 증인의 사명을 감당하시고, 부르짖어 기도함으로써 성령 충만한 자의 삶을 살라. 그리하면 말로 표현할 수 없는 기적적인 새 힘이 솟아날 것이다. 그렇게 해야 하는 이유는 바로 우리가 예수를 닮으려는 사람들이기 때문이다.

예수닮기_적용하기

1. 내가 흘렸던 '나카'(눈물)가 귀한 '진주'(열매)가 되었던 적이 있나?
2. 내일 맺을 열매를 위해 지금 인내하고 있는 것이 있다면 무엇인가?

#4

악을 이기는 삶

　최근 자주 발생하는 자살로 말미암아 사회에 큰 충격을 주고 있다. 이러한 충격은 계속 확산되어 소위 '베르테르 효과'로 나타나, 또 다른 자살 사건으로 이어진다. '베르테르 효과'란 괴테의 소설,《젊은 베르테르의 슬픔》에 나오는 베르테르를 흉내낸 자살이 급증한 데서 유래한 말이다. 유명인을 뒤쫓는 '모방 자살'을 뜻하기도 한다. 10여 년 전에 보건복지부가 분석한 결과, 우리나라에서 발생한 지난해 하루 평균 자살자는 34명으로 이는 전체 사망 원인 중 4번째로 빈도가 높은 것이라 한다. 이러한 한국의 자살 사망률은 인구 10만 명당 24.8명으로, 이는 경제협력개발기구^{OECD} 국가 중 가장 높은 수치이고, 다른 OECD 나라에 비해 2배에 이르는 수준이라고 한다. 아마도 이 수치는 지금 더 높아졌을 것으로 추측된다.
　보다 더 안타까운 일은 이런 자살 사건을 통해 TV에 비친 그들의 모습이 대부분 크리스천들이고, 성도라는 이름을 가지고 있다는 사실이다. 물론 그들의 자살의 동기가 계획적일 수도 혹은 충동적일 수도 있다. 우울증 증세의 질병 때문이라고 말할 수도 있다. 아니면 사회적 환경에 영향을 받아서 네티즌들의 악플에 시달렸기 때문이라고도 말하기도 한다. 그렇다고 해서, 기독교 신앙인의 모습으로 드러낸 그들의 자살 행위를, 같은 신앙인으로서 우리는 어떻게 그것을 이해해야 하는 것일까? 다시 말해서 신앙인의 윤리적 기준을 어디서 찾아야 하며, 교회의 전통적 가르침은 무엇인가?

기본적으로 우리가 아는 바로는 인간의 생명은 그 어떤 것과도 비교할 수 없으며 비교해서도 안 되는 절대 소중함을 가지고 있다. 하나님께서 인간을 이 땅에 거하게 하시고 생명을 주셨을 때에는 참으로 하찮고 보잘것없다 할지라도, 그 생명에 분명 살아야 할 이유와 목적을 주셨다. 그러므로 어떤 경우라 할지라도 생명을 포기하거나 생명을 하찮게 보는 것은 하나님의 뜻을 거역하는 불신앙적 행위임에 틀림없다. 지금 당장 볼 때 내 생명이 하찮게 보이고 허무해 보여도, 내 생명을 비생명적인 것들에(지위, 인기, 인정받음, 능력의 유무 등) 빼앗겨서는 안 된다.

그럼에도 불구하고, 왜 그들은 자살을 통해 삶을 정리하는 것일까? 정신분석학 이론에 의하면, 자살은 인간의 무의식 속에 잠재된 분노의 에너지가 자기 자신에게 향하기 때문이라고 한다. 만일 그것이 타인을 향할 때에는 폭력으로 표출된다. 그러나 인간의 본능 가운데 잠재된 공격성은, 다른 대상을 향해 표출하기보다는 자기 자신을 향해 표출되는 양상이 더 지배적이다. 그 이유는 개인이 자신의 위기적

상황에 대한 무기력함을 경험하게 될 때, 이 무기력의 분노와 좌절감은 가장 가까운 대상인 자신의 내부로 향하기 때문이다.

지그문트 프로이트Sigmund Freud 같은 심리학자는 자살은 "왜곡된 살인"이라고 말한 바 있다. 자살은 자신을 상해하는 행위라기보다는 자신 안에 내재되어 있는 내재된 타인을 살해하는 행위이기 때문에, 이 경우 내재된 타인은 자살자가 여러 가지 이유로 피해를 입힌 사람을 향하게 된다는 것이다. 다시 말해서, 내적 갈등과 스트레스로부터의 도피 수단으로 결행되는 행위라는 말이다. 스트레스에 보다 많이 노출되는 사람은 평범한 사람들에 비해 4배나 더 많은 자살을 결행하고 있다는 통계 자료도 있다.

적어도, 많은 사람들은 내적 갈등과 스트레스를 풀기 위해, 술과 마약 등에 의존한다. 그중 일부는 영혼의 안식을 잃고 주관적인 관점에 갇혀 충동적인 자살이란 엄청난 우를 범하고 만다. 그래서 일반적으로 대부분의 불신앙인들은 자살조차도 자기 삶에 대한 선택이라고 생각한다. 내 인생은 나의 것이기에 마음대로 산다는 생각이다. 그러나 성경은 그렇지 않다. 나의 생명의 주인은 내가 아니라 하나님이라는 가치관을 가르친다. 그러므로 우리가 삶과 죽음의 문제를 생각함에 있어서, 일상 생활 속에서 항상 생명의 길을 인도하는 하나님과의 친밀함intimacy, 영혼의 친구들soul friends, 신앙생활에 대한 충실함은 삶에 있어서 매우 중요한 요소들이다.

사도 바울은 고린도전서에서 다음과 같이 말했다.

> 너희 몸은 너희가 하나님께로부터 받은 바 너희 가운데 계신 성령의 전인 줄 알지 못하느냐 너희는 너희의 것이 아니라 값으로 산 것이 되었으니 그런즉 너희 몸으로 하나님께 영광을 돌리라(고린도전서 6:19-20)

개인이나 역사의 주관자는 하나님이라는 말이다. 따라서 우리가 위기와 갈등을 갖는 순간에도 예수님의 십자가에 대한 사랑을 바르게 깨우친다는 것은 죽기에 이르러도 자신을 위해 살지 않고 자신을 위해 죽지 않는다는 바울의 생명관을 새롭게 인식할 수 있다는 뜻이다 (로마서 14:7-8 참고).

교회는 성도들에게 영원한 생명의 길을 제시하며, 나아가 삶을 아름답게 성장시키며 살도록 가르치는 곳이다. 따라서 교회의 성도들은 먼저 예배 참여에 성실함을 가져야 한다. 왜냐하면 교회를 통해 성경의 가치관이 확립되고, 또 어떠한 환경 속에서도 생명을 담보로 우매한 판단을 하지 않는 진리의 말씀을 듣기 때문이다. 그러한 교회는 삶의 액세서리에 필요한 집단이 아니라 삶의 본질로서 생명을 살리는 생명 공동체로 존재해야 한다. 이런 의미에서, 교회는 전통적으로 성경적 근거에 의해 인간의 삶의 윤리적 근거와 교회법의 규정을 제시한다. 즉 모든 인간의 생명은 예외 없이 창조주 하나님의 선물이며 구세주 되시는 예수 그리스도의 가장 사랑받는 존재라는 것이다. 따라서 인간은 자기 생명에 충실해야 하는 책임이 있다.

구약성경 신명기에 기록된 말씀대로, 생명과 죽음을 다룰 수 있는 이는 오직 하나님이다. 그러므로 의도적으로, 의식적으로, 자기 생명을 끊는 자는 하나님을 거스르는 죄를 범하는 것이다. 의식적이고 의지적인 자살은 자기 생명을 파괴함으로써 자기의 권한을 초월하는 하나님의 심판권을 침해하는 것이다. "나 오직 나만이 하나님이시다. 나 밖에는 다른 신이 없다. 나는 죽게도 하고 살게도 한다. 아무도 내가 하는 일을 막지 못한다(신명기 32:39, 표준새번역)"라고 분명하게 말씀하신다.

따라서 생명을 끊는 자살의 행위는 "하나님의 선한 의지의 결핍"이다. 이러한 기독교의 윤리 사상은 성 어거스틴 St. Augustine의 가르침에서 그 정점을 이루었는데, 그에 따르면 자살은 그리스도인의 용기와 덕스러운 행위가 아니고 오히려 그 결핍이라고 본다. 용기와 덕은 역경 속에서 사람을 침착하게 인도하고 마음을 강화시키는 특징적 기능을 가지고 있기 때문이다. 그래서 그는 "의식적이고 의지적으로 자기 생명을 해치려는 마음을 가진 사람은 이미 윤리적 순수성을 잃은 사람이기 때문에 그 죽음은 실제로 악을 행한 것이다"라고 강조했다.

중세 신학의 거장인, 토마스 아퀴나스 Thomas Aquinas는 어거스틴의 윤리 사상을 학문적으로 발전시키면서, 현세 생활에서 자살은 사람이 최종적으로 당할 수 있는 '최대의 악'이라고 말한다. 따라서 자살을 행하는 것은 모든 악 중에서 가장 큰 악을 선택하는 것이다. "자살은 자기에게 해야 할 사랑을 직접 거부하는 것이기 때문에 그것은 죄 가운데 가장 큰 죄이다"라고 주장했다. 이러한 교회의 가르침은 성경의 사도 바울이 가르친 덕목이다. 로마서는 이렇게 말한다.

> 아무에게도 악을 악으로 갚지 말고 모든 사람 앞에서 선을 도모하라… 악에게 지지 말고 선으로 악을 이기라(롬 12:17, 21)

악한 영이 우리를 지배하면 할수록, 우리 안에 있는 선한 영은 결핍되어 소멸되고 만다. 그것은 마치 풍선에 물을 넣어 한쪽을 누르면 다른 한쪽이 부풀어오르는 현상과 같은 '풍선 효과'이다. 그러니까 자살은 우리 안에 악한 영이 내면의 세계를 지배하므로 자신을 스스로 파괴하도록 만들고, 결과적으로 선이 우리 안에서 결핍되어버린다는 것이다. 다시 말해서, 악한 영이 우리를 지배하는 것은 바울이 디모데전서에서 말하는 것처럼 "미혹케 하는 영과 귀신의 가르침을 따르는" 것이다(디모데전서 4:1).

그러므로 참된 신앙인은 항상 그 안에 선(믿음)을 충만하게 간직해야 한다. 그리고 선으로 악을 이겨야 한다. 그 안에 생명이 존재하기 때문이다. 우리는 이 자연의 질서에 순종함으로써, 하나님께서 당신의 뜻에 충실한 사람들에게 약속하신 미래의 행복한 삶을 받으며 살아야 한다.

> 하나님의 지으신 모든 것이 선하매 감사함으로 받으면 버릴 것이 없나니, 하나님의 말씀과 기도로 거룩하여 짐이라(디모데전서 4:4-5)

철학자 쇠렌 키에르케고르$^{Soeren\ A.\ Kiergaard}$는 '인간은 죽음에 이르는 병든 자'라고 했다. 철학자요 신학자인, 폴 틸리히는 '인간은 절망적인 존재'라고 말했다. 우리의 삶에 죽음의 절망과 고통이 있는 것은 결코 이상한 일이 아니다. 그것은 모든 사람이 이 땅에서 다 겪는 일이다. 그래서 예수님도 인간을 '수고하고 무거운 짐 진 자'라고 말씀하셨다. 우리에게 필요한 것은 이러한 삶의 정황에 있는 우리에게 구원의 손을 내미시는 하나님의 손을 붙잡는 것이다. 이것은 신앙인의 근본이다. 왜냐하면 신앙인은 죽음을 조장하는 자가 아니라 생명을 추구하는 자이고, 절망에 빠져 낙심하는 자가 아니라 소망의 끈을 붙잡고 일어나는 자이기 때문이다.

그러므로 우리의 영이 그리스도 안에 머물러 있으면, 그리스도의 뜻을 따라 살아갈 수 있다. 인생의 수고하고 무거운 짐을 다 벗어버리고, 하나님의 영광 속에서 잘되고 강건해지는 삶을 얻으며 살아갈 수 있다. 즉 우리의 삶에 선한 일을 도모하며 살 수 있다는 말이다. 예수를 닮고자 하는 그리스도인들은 그리스도 안에서 선으로 악을 이기며 살아야 한다. 자살이라는 극단적이고 충동적인 행위가 아닌, 새 생명의 기쁨을 위해서 말이다.

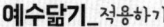

1. 화날 때 가장 먼저 하는 행동은 무엇인가?
2. 선을 쌓기 위해 버려야 할 것은 무엇인가?

#5 회복의 삶

　하나님께서는 언제나 우리를 회복시키시며 새 생명을 부어주시는 분이시다. 아담과 하와로 인하여 잃어버린 영생을, 제2의 아담 되시는 예수 그리스도를 통해 하나님께서 회복시키셨다. 성경의 핵심은 회복에 있다. 창세기에는 아담과 하와가 잃어버린 낙원 이야기가 나오고, 마지막 요한계시록에는 다시 찾은 새 하늘과 새 땅이 기록되어 있다.

　성경에는 한 드라크마를 잃었다가도 다시 찾고, 잃어버린 양 한 마리도 다시 찾으며, 방탕했던 탕자도 다시 돌아오는, 즉 본래로 돌아가는 회복을 말하고 있다. 예수님도 이 땅에 계실 때에 온통 회복의 일을 하셨다. 영생을 잃어버린 자들로 하여금 영생을 얻게 하셨고, 건강을 잃어버린 자들로 건강을 회복하게 하셨으며, 생명을 잃은 자들의 생명을 다시 회복시키셨다. 회복은 예수님 사역의 중심이요, 복음의 핵심이다.

이스라엘에는 '사해死海'가 있다. '죽음의 바다'이다. 거기에는 생물들이 살 수 없을 정도로 염도가 매우 높다. 세계에서 가장 높은 37%나 된다고 한다. 다른 바다보다 약 5배나 높은 염도다. 왜 그렇게 되었을까? 이스라엘의 위쪽 갈릴리 호수로부터 흘러나오는 물이 요단 강을 거쳐 사해에 이르는데, 외부로부터 유입된 물이 빠져나가지를 못하고 고이기 때문에 염도가 자연스럽게 높아진다는 것이다. 그래서 사해 주변에는 식물이 자라지 못하고 물고기도 살지를 못한다.

구약성경 에스겔서를 읽어보라. 범죄한 이스라엘이 이러한 사해와 같은 상황이 되었음을 설명한다. 이스라엘 백성들은 포로가 되어 이방 나라 바벨론으로 끌려갔다. 따라서 사람이 없는 이스라엘 땅은 황폐한 채로 방치되고, 건물들은 폐허가 되어버렸다. 이렇게 도저히 소망이 없을 것 같은 이스라엘에 대해서, 하나님은 에스겔을 통해 회복을 예언한다.

> 이 강물이 이르는 곳마다 번성하는 모든 생물이 살고 또 고기가 심히 많으리니 이 물이 흘러 들어가므로 바닷물이 되살아나겠고 이 강이 이르는 각처에 모든 것이 살 것이며 또 이 강 가에 어부가 설 것이니 (에스겔 47:9)…
> 강 좌우 가에는 각종 먹을 과실나무가 자라서 그 잎이 시들지 아니하며 열매가 끊이지 아니하고 달마다 새 열매를 맺으리니 그 물이 성소를 통하여 나옴이라 그 열매는 먹을 만하고 그 잎사귀는 약 재료가

되리라(에스겔 47:12)

죽었던 바닷물이 다시 살아난다는 것이다. 살 수 없었던 물고기가 그곳에 심히 많아지는 회복과 치유가 나타난다. 어찌하여 이런 일이 일어날 수 있었을까? 하나님께서 그를 믿는 이스라엘 백성들에게 약속하신 그 회복을 이루신 것이다. 하나님께서는 우리를 회복시키는 하나님이시다. '회복'이라는 말은 히브리어로 '하쉬브'라고 하는데, '잘못된 것으로부터 본래적인 것으로 돌이키시는(회개의 전제) 하나님의 주권'을 가리킨다.

미국의 '라스베가스'라는 도시는 사막 한가운데 있는데도 '초원'이란 이름을 가질 정도의 '전원 도시'다. 어떻게 이것이 가능했을까? 깊은 골짜기에서 물을 끌어들이고, 수십 km 떨어진 후버 댐에서 물을 공급받기 때문이다. 우리의 인체도 마찬가지다. 약 70% 물로 구성되어 있는 체내의 물이 1~2%만 부족해도 심한 갈증을 느끼고, 5% 정도를 잃으면 거의 혼수상태에 빠지며, 12%를 잃으면 생명을 잃게 된다. 이렇듯 물은 우리 생명을 살리는 데 매우 중요한 요소이다.

아무리 황막한 사막에도 물이 흐르면 축복의 농토가 되고, 어떤 옥토라도 가뭄으로 물이 마르면 황막한 사막이 된다. 물과 생명체는 분리할래야 분리할 수 없는 관계다. 지금 우리나라는 물 부족 현상이 심각한 수준이다. 저수지의 물도 다 마르는 지경에 이르렀다. 성경에서는 하나님의 은혜에 대해서 말씀하실 때 종종 물을 언급한다.

> 내가 주는 물을 먹는 자는 영원히 목마르지 아니하리라(요한복음 4:14)
>
> 나를 믿는 자는 그 배에서 생수의 강이 흘러 넘치리라(요한복음 7:38)

예루살렘은 고원 지대이기 때문에 강이 흐를 수 없다. 더구나 성전에서 생수의 강이 흘러 그 물이 사막을 통과하고 사해까지 이르러, 마침내 그 죽은 사해를 살렸다. 얼마나 놀라운 일인가? 이와 같이, 우리 인생도 이 성전에서 흐르는 성령의 생수로 생명을 살리는 놀라운 역사가 일어나게 될 것이다. 좌절과 실의, 낙심과 슬픔 가운데 있는 우리들에게 성령이 충만하게 역사하면, 새로운 희망과 비전이 나타난다. 생명의 역사는 그렇게 나타나는 것이다.

누가복음에 보면, 예수님께서 안식일에 병자를 고치시는 것을 보고 주변의 사람들이 기뻐하고 축복하는 것이 아니라, 오히려 안식일을 범했다고 비난과 손가락질을 했다. 그런데 예수님은 선을 행하는 것과 악을 행하는 것, 생명을 살리는 일과 죽이는 일 중에 어느 것이 옳으냐고 물으시면서, 생명을 위한 치유와 회복의 은총을 베푸신다.

> 그 사람에게 이르시되 네 손을 내밀라 하시니 그가 그리하매 그 손이 회복된지라(누가복음 6:10)

서기관과 바리새인들은 마음에 생기를 잃어버렸고, 몰인정한 형식

주의 신앙에 빠져 있었다. 그렇기 때문에 남을 배려하고 사랑하는 마음의 여유가 없었다. 참된 행복을 잃어버린 것이다. 행복은 나눌 때 행복해진다. 나 때문에 다른 사람이 행복을 느낄 때, 바로 그 행복은 비로소 자신을 통해 나타난다.

사랑과 배려와 나눔이 없이, 아무리 안식일을 지켜도, 그것은 곧 '영적 상태'가 병들었음을 뜻한다. 그것은 이미 '죽음에 이르는 병'에 걸린 것이다. 우리가 믿는 하나님은 언제나 우리를 '새 생명의 길'로 회복시켜 주신다.

> 하나님의 나라는 먹는 것과 마시는 것이 아니요 오직 성령 안에 있는 의와 평강과 희락이라(로마서 14:17)

한 크리스천 사회학자의 말이다. 어떤 공동체든지, 구성원의 20%만 건강하면, 남은 80%는 그 혜택을 나누어 누릴 수 있다는 것이다. 나는 이 말이 상당히 설득력이 있다고 본다. 교회도 출석하는 성도들의 20%만이라도 확실하게 헌신한다면, 그 교회는 크나큰 은혜의 역사가 일어난다. 우리가 교회에 헌신하고 이 세상에 관심을 갖고, 역사에 관심을 갖고, 잃어버린 영혼에 대한 관심을 갖고, 정신적 가치를 추구하며, 기도와 말씀으로 살아간다면, 아마도 우리는 20%에 속하는 성도가 될 것이다. 그 자체가 생명을 살리는 일이기 때문이다. 내 안에 성령의 생명수가 흐르면(진리 추구) 내가 바로 그러한 성도이다.

예수닮기_적용하기

1. 내 삶 가운데 지금 바로 회복되길 원하는 부분이 있다면 무엇인가?
2. 내가 회복의 통로가 되기 위해 노력해야 할 것 세 가지만 적어보자.

#6

화해의 삶

국어 사전에 의하면, 화해란 "과거의 적대감정과 상처를 제거하여 선하고 올바른 관계를 회복하고, 새롭고 창조적이고 건강한 관계로 발전하는 것"이다. 즉 싸움하던 것을 멈추고 서로 가지고 있던 안 좋은 감정을 풀어 없애는 행위를 말한다. 그런데 인간관계에 있어서, 사실 화해는 용서보다도 더 어렵다. 용서와 증오는 일방적이지만, 화해는 쌍방적이기 때문이다. 용서나 증오는 자존심을 굽힐 필요가 없지만, 화해는 자존심을 굽히지 않고서는 힘들기 때문이다. 화해의 어려움은 또 있다. 명백히 잘못한 쪽이 있다면 화해가 그렇게 어렵지 않을 것이다. 잘못한 쪽이 잘못을 인정하고 용서를 빌면 되지만, 화해하기 전에는 어느 한편의 잘못을 확실히 가리기 힘든 경우가 많다. 양쪽 모두 내가 뭘 잘못했느냐고 생각하기 때문에 어느 쪽도 먼저 화해하려고 하지 않는다.

성경에는 화해를 통한 하나님의 역사하심이 기록되어 있는데, 대표적으로 야곱과 에서의 화해 사건이다. 여기서 중요한 것은 화해가 하나님의 개입을 통해 은혜를 경험할 때 이루어진다는 사실이다. 따라서 참된 화해는 하나님과의 관계에서 은혜를 경험한 사람에게 이루어지는 것이다.

20세기의 위대한 철학자요 사상가인 마틴 부버Martin Buber는 《나와 너Ich und Du》라는 책을 출간했다. 그에 따르면, 이 세상에는 '나', '너', '그것'이라는 세 인칭이 있는데, '나와 그것'과의 만남은 사물과의 관계, 즉, 3인칭화를 말하며 '나'와 '너'와의 만남은 '인격적 관계'라고 했다. 인간의 운명이란 필연이든 우연이든 이 만남이라는 사건을 통해 이뤄진다. 성공한 사람, 행복한 사람, 좋은 배우자를 만난 사람 등, 모두는 만남이 아주 잘된 축복의 사람들이다. 반대로 불행한 사람들은 거의 대부분이 다 사람을 잘못 만났기 때문이다.

부버는 이 책에서 "참된 삶은 만남이다"라고 했다. 어떤 만남이라는 것인가? 인간은 '나와 너'라는 인격적인 만남이 이뤄지기까지는 고독한 존재다. 이 세상에서의 만남은 대부분 '나와 그것'이라는 관계로 만난다. 즉, 인격적 만남보다는 객관적이고 조건적인 만남을 갖는다. 세상의 만남이 '나와 그것'과의 만남의 관계가 될 때, 사람은 불행해진다. 따라서 사람이 '그것과 그것' 혹은 '나와 그것'이라는 3인칭 만남에서 '나와 너'라는 인격적 관계로 전환될 때, 비로소 우리가 잃어버린 것을 다시 찾을 수 있는 관계가 형성된다.

하지만 우리가 살고 있는 이 시대는 화해의 삶보다는 분열과 갈등이 가속화되고 있는 삶이다. 인터넷만 봐도 그렇다. 대부분의 댓글들은 서로를 향해 돌을 던지는 악플들로 가득하다. 포스트모더니즘 사회가 '해체'를 특징으로 삼고 있기 때문에, 우리 사회에 나타나는 현상들은 개인과 개인 사이의 해체, 가정의 해체, 계층 간 지역 간의 해체로 나타난다. 옆집에 누가 사는지도 모르고 또 관심도 없는 비인격적인 그런 분열의 삶이다. '나와 너'의 관계가 아닌 '나와 그것'의 관계로 살고 있다는 뜻이다. 그렇다 보니, 서로를 축복하기보다는 죽이려 하고, 또 서로를 합하기보다는 나누어놓으려 한다.

안타까운 것은 이러한 사회적, 문화적 해체 현상이 교회 안으로까지 들어와, 그러한 세속 문화로 인해 하나님과의 관계 파괴로까지 이어지고 있다. 신앙을 '나와 그것'의 특징인 비인격화시키고 있다는 말이다. 이러한 현재의 삶의 자리에서 우리가 믿음으로 산다는 것은 무엇인가? 그것은 하나님과 나, 사람과 사람 사이에 '나와 너'라는 인격적인 관계의 삶을 사는 것을 의미한다. 해체나 분열이 아닌 '합하여 하나되게 하는 것'이다. 위로와 격려, 용기와 화해가 이루어지는 삶을 말한다.

한 아기가 걸음마를 하기까지는 1500번 이상 넘어진다고 한다. 일어서지 못한다고 야단만 치면, 그 아기는 낙심해서 더 일어나 걷기 어려워질지도 모른다. 격려의 박수를 쳐주고, 용기를 주어야 넘어져도 또 일어날 수 있다. 자연도 산불로 새까맣게 타버린 산천을 용서하고 화해할 때, 다시 그 자리에 나무가 자라고 풀이 돋아날 수 있다.

그리스도의 십자가의 보혈은 하나님과 화해, 사람과 사람 사이의 화해를 이루어 '둘이 하나'가 되게 했다. 20세기의 위대한 신학자, 칼 바르트 karl Barth는 그의 신학의 중심을 이 화해론에 맞추어서, 화해의 완성은 '전적인 예수 그리스도의 은혜 total grace of Jesus Christ'라고 강조했다. 예수 그리스도는 우리의 불신과 편견, 의심과 증오로 막혀 있는 담을 허시고 화해를 이루신 분이다. 따라서 예수를 닮기 원하고, 예수를 따르는 사람들은 그 화해의 삶을 실천하며 살아야 한다.

구약성경 에스겔서를 읽어보면, 남왕국 유다와 북왕국 이스라엘로 분열되어 있는 이스라엘에게 둘이 하나가 되게 하시는 하나님의 음성이 전해진다. 이스라엘 지파들의 막대기와 유다의 막대기를 붙여서, "내 손에서 하나가 되리라(에스겔 37:19)"고 했다. 이 뜻은 에스겔의 손으로 두 막대기를 하나로 합하긴 했지만, 하나가 되는 것은 '하나님의 손'으로 하신다는 말이다. 이 막대기들은 서로 다른 것들이었다. 하나는 유다와 그 짝 이스라엘 자손이라 적힌 막대기이고, 다른 하나는 에브라임과 그 짝 이스라엘 온 자손이라 적힌 막대기다. 분명 다른 막대기이지만 서로 합치면 하나가 될 것이라고 하는 것이다. 이 얼마나 보기에 아름다운 일인가? 둘이 하나되는 화해가 이루어지는 순간이다.

하나님은 오늘도 손을 통해서 하나님의 뜻을 이루어가신다. 우리는 반가운 사람을 만나면 서로 악수를 한다. 또 서로 화해하고 용서하면 악수를 하기도 하고 끌어안기도 한다. 예수님께서는 손을 내밀어 병든 자와 어린이를 어루만지셨다. 이렇듯이 손은 사랑과 용서와 관심을 의미한다. 그러므로 그 손은 서로 손가락질하고 때리고 저주하는 손이 아니라, 사랑하고 용서하고 화해하고 악수하고 서로 돕고 섬길 줄 아는 손이다.

〈화해의 악수〉라는 글이 있다. 미국의 부통령을 역임했던 험프리 의원의 장례식에서 있었던 일이다. 장례식장에서 미망인의 옆자리에 놀랍게도 평생에 그의 정적이었던 닉슨 대통령이 앉아 있었다. 험프리 의원은 죽기 전에 그의 아내에게 "내가 정치인으로 있을 때 닉슨에게 너무나 많은 고통을 주었다. 그러므로 그것이 양심에 가책이 되어 눈을 감지 못하겠으니 목사님에게 부탁해서 내가 회개하고 눈을 감게 해달라"고 청했다. 그래서 부인은 그가 죽기 사흘 전에 그가 다니던 교회의 잭슨 목사님에게 부탁했다. 목사님은 이 말을 닉슨 대통령에게 전했고, 이에 닉슨은 급히 달려와 그토록 그를 괴롭혔던 험프리의 손을 잡고 화해했다. 험프리는 평안하게 세상을 떠날 수 있었다는 것이다.

잠언에는 다음과 같은 말씀이 있다.

  미움은 다툼을 일으켜도 사랑은 모든 허물을 가리느니라(잠언 10:12)

화해와 사랑은 마치 동전의 양면과 같다. 화해하면 사랑하게 되고, 사랑하면 화해하게 되는 것이다. 우리는 화해자 예수가 보여주었던 십자가로 말미암아 서로에게 막혀 있는 담을 헐어야 한다. 합하여 둘이 하나가 되어야 한다는 것은 복음의 진리다. 아직도 우리 안에 누군가와 무언가와 화해하지 못해 사랑하지 못하는 관계가 있는가? 오늘도 나를 둘러싼 여러 관계에서 굳어진 상처, 막힌 담, 골짜기로 '나와 그것'의 관계만 남아 있지 않는가? 그러면 예수님의 이름으로 서로 화해하라. 예수님을 닮고자 하는 크리스천은 '화해의 삶'을 살아가는 사람이다.

하나님께서는 주 예수 그리스도 안에서 이 화해의 복음을 선포하셨다. 이 복음은 모든 인류를 향한 위대한 평화의 선포이기도 하다. 그러므로 우리가 하나님과 화해하고, 사람과 사람 사이의 참된 만남을 이루어야 한다. 화해를 경험하기 위해서는 하나님의 은혜를 받아야 한다. 우리의 인간관계, 사업 문제, 자녀의 문제, 신앙의 문제에 이르기까지, 믿음으로 하나님의 은혜를 직접 경험해야 한다. 하나님의 은혜가 부어질 때 우리는 참된 화해자와 승리자가 될 수 있다. 예수를 닮으려는 사람들은 먼저 화해의 손을 내밀어야 한다.

예수닮기_적용하기

1. 화해를 방해하는 것이 있다면 무엇인가?
2. 오늘 밖에 화해할 기회가 없다면 지금 가장 먼저 누구에게 갈 것인가?

… #7

하나되는 삶

탈무드에는 "세상에서 가장 행복한 남자는 누구인가? 좋은 아내를 얻는 남자다"라는 말이 있다. 부부夫婦란 결혼한 남편과 아내를 뜻한다. 부부 중에서도 사이 좋은 부부를 '잉꼬부부'라 하고, 아내를 존중하고 아끼는 남편을 '자상한 남편'이라 한다. 또한 남편을 존중하고 위해주는 아내를 '현명한 아내'라 한다. 부부는 가정을 만들고 유지하는 핵심 주체이며, 서로를 위해주는 '천생연분의 친구'이며, 믿음으로 서로의 품위를 지키고 돌보는 공동대표다. 그러므로 부부는 둘이 서로 반씩 되는 것이 아니라, 하나로서 전체가 되는 것이다.

미국 워싱턴 대학 교수이자 가정상담 심리학자인 존 고트만John Gottmann 박사는 《결혼의 성공과 실패의 이유Why Marriages Succeed or Fail?》이라는 책을 통해서, 모든 부부는 다음의 세 가지 유형 중 한 가지에 속한다고 소개했다.

첫 번째는 회피형 부부다. 부부 사이에 문제가 있더라도 문제를 해결하기보다는 서로의 편리를 위하여 덮어두고 지나가는 부부다.

두 번째는 충돌형 부부다. 이들은 상대에 대한 표현에 조금도 거칠 것이 없으며, 지나치게 솔직하다고 할 정도로 상대에 대한 자신의 불만을 숨김없이 털어놓으며 부딪치는 부부이다.

세 번째는 융합형 부부다. 부부가 서로 터놓고 얘기하며 애정을 표현하는 데 익숙하고, 시간과 공간을 되도록 함께 공유하며, 취미 활동과 관심사를 같이 나누는 것을 기뻐하는 부부다. 고트만 박사는 가장 이상적인 유형의 부부가 바로 이 세 번째의 융합형 부부라고 말한다. 그러나 모든 부부가 융합형 부부로 살아갈 수는 없다. 살다 보면 갈등과 싸움도 생긴다.

어느 날 미국의 한 젊은이가 미국 대륙을 도보로 횡단하는 일에 성공하자, 어느 기자가 그에게 "가장 힘들었던 것이 무엇이었는가"라고 물었다. 그 청년은 "급한 물살의 강물을 건널 때도 아니고, 높은 산맥을 넘을 때도 아니고, 가장 힘들었던 것은 아주 작은 모래알과 돌멩이가 자꾸만 신발 속으로 들어가 발을 아프게 할 때"라고 했다. 마찬가지다. 부부 사이의 갈등과 싸움도, 부부의 삶을 힘들게 하는 것도, 어찌 보면 조그만 모래 한 알과 같은 아주 보잘것없는 작은 의심과 불신, 생각의 차이에서 시작할 때이다.

어느 날, 아내가 감자를 쪘는데 설탕을 식탁에 올려놓았단다. 그러자 남편은 소금을 가져오라고 했다. 그러면서 남편은 "우리 집은 감자를 먹을 때 소금을 찍어 먹었다"고 했단다. 그러자 아내는 "우리 집은 어렸을 적부터 설탕을 찍어 먹었다"고 말대꾸를 했다. 그리고 핀잔 투로 말하기를, "옛날에 당신 집이 가난해서 설탕 먹을 형편이 안 되어서 소금에 찍어 먹은 것이지 본래 설탕을 찍어 먹는 것이다"라고 했다. 이 말에 남편이 상처를 입었다. "우리 집이 가난해서 설탕 먹을 형편이 안 되다니!" 그래서 부부간에 감자를 먹다가 크게 싸웠다는 것이다.

예수님께서 우리에게 전하시는 부부의 삶의 메시지는 무엇일까?

> 이러므로 사람이 그 부모를 떠나서 아내와 합하여 그 둘이 한 몸이 될지니라(마가복음 10:7, 에베소서 5:31)

결혼한 부부의 가장 기초적인 삶의 모습이다. 여기에는 세 가지 명령이 들어 있다. "떠나라^{leave}, 합하라^{cleave}, 한 몸이 되어라^{weave}"이다. 부모에게서 '떠나야^{leave}' 합하게 되고, 온전한 '합^{cleave}'을 이룬 후에야 비로소 한 몸으로 '엮어진다^{weave}'는 것이다.

부모는 자녀가 결혼을 하면 무엇보다도 그 자녀를 과감하게 떠나보내야 한다. 여기서의 떠남은 단순한 공간적인 떠남만을 의미하지 않고, 감정적, 심리적으로 떠나보냄도 포함한다.

또한 결혼한 자녀는 더 이상 부모 품 안에 머물거나 머물려고 해서도 안 된다. 그래야 둘째로, '아내와 합해질 수 있다'. '합한다'는 뜻, 'cleave'라는 단어는 종이 두 장을 풀로 완전히 붙인다는 뜻이다. 남편과 아내는 결혼을 하면 풀로 붙인 것이다. 그래서 예수님은 "하나님이 짝지어 주신 것을 사람이 나누지 못할지니라(마가복음 10:9)"고 했다.

그리고 셋째로, "둘이 한 몸을 이룰지니라"의 'weave'라는 단어는 둘이 함께 엮어진다는 뜻이다. 마치 대나무로 바구니를 엮어 짤 때처럼, 한 줄이 위로 올라오면 한 줄은 밑으로 내려가면서 하나로 만들어 가는 것이다. 쌍방의 노력이 필요하다는 말이다. 서로 노력하면서 하나로 되어가는 삶을 사는 것. 그것이 부부로 산다는 것이다. 그때 부부는 마지막까지 내 곁에 남는 사람이 된다.

마지막까지 내 곁에 남는 삶을 사는 부부로 살아가기 위한 기본 원리를 생각해보면, 첫째, 무승부의 원리다. 가정은 부부가 상대를 때려눕히고 이겨야 하는 권투나 레슬링의 링이 아니다. 부부간에는 승패의 개념이 없어야 한다. 승패 없는 싸움은 하면 할수록 맥 빠진다. 그러기에 싸울 필요가 없는 것이 부부 싸움이다. 부부가 승패 있는 게임에 매달리는 것처럼 어리석은 삶은 없다.

둘째, 화해의 원리다. 부부관계는 북한강과 남한강이 만나는 것과 같다. 그렇게 두 강이 만나면 서로 상대방 물줄기를 휘어잡으려고 하니까 소용돌이가 생기고 힘들어진다. 그러나 두 물줄기가 순응하고, 그 상황을 잘 극복하면, 두 물이 마주치는 곳, '두물머리', 즉 (양수리라는) 최고의 경치가 생기고, 조금 더 내려가면 물줄기가 넓어져 결국 한

강이 된다. 그처럼 서로의 차이를 이해하고 잘 극복하면 더욱 놀라운 축복의 세계가 펼쳐진다.

셋째, 나눔의 원리다. 남편은 자기의 장점을 나누어 아내의 약점을 덮어주고, 아내는 자기의 장점을 나누어 남편의 약점을 덮어주어야 한다. 가정은 행복을 저축하고 쌓아놓는 곳이지 행복을 채굴하거나 깨부수어 조각을 만드는 곳은 아니다. 받으려고 이룬 가정은 반드시 무너지지만, 주려고 이룬 가정은 반드시 행복해진다. 행복은 내 행복이 남에게도 행복이 될 때 다가오는 것이다.

넷째, 사랑의 원리다. 결혼해서 부부로 살아가는 목적은 배우자를 변화시키기 위해서가 아니라 사랑하기 위해서이다. 삶에서 가장 중요한 것은 공동체의 구성원이 서로 사랑하며 행복한 가정을 만드는 일이다. 하나님께서 말씀하시는 바람직한 남편의 모습은 신뢰를 받는 남편도 중요하지만, 아내를 사랑하는 남편이다.

2016년 빅 데이터가 지난 3년 5개월 동안 국내 인터넷 블로그와 SNS에 게시된 글, 5억3천만 건을 조사한 결과, 한국인이 가장 못 믿는 사람, 가장 의심되는 사람 1위가 '남편'이라고 하는 씁쓸한 조사 결과가 나왔다. 그러나 예수 그리스도와 교회가 분리될 수가 없듯이, 남편과 아내는 한 몸이라는 성경의 가르침을 결코 거스를 수가 없다. 거기서 가장 중요한 것은 '믿음'이다. 부부 사이에는 '믿음'을 통해 신뢰와 확신을 갖게 된다.

물론 서로에게 '믿음'의 깊이는 다를 수 있다. 그런데 그 다름 속에서 서로가 믿음으로 하나되는 일이 행복한 가정 공동체를 만든다. 그러나 서로가 믿음의 연합을 이루지 못하면, 가정의 사명을 감당하기도 어렵다. 사랑의 수고는 믿음으로 협력할 때, 더욱 가치가 드러나고 향기가 전해진다.

  미국의 어떤 대학에 무관심 클럽이라는 동아리가 있었다. 동아리에서 회원들에게 다음과 같은 공고를 했다. '무관심 클럽 회원은 0월 0일 0시에 어디에서 모입니다'. 몇 명이나 모였을까? 아무도 오지 않았다. 왜? 무관심한 사람들만 모인 무관심 클럽이기 때문이다. 부부의 믿음은 관심에서부터 시작되는 것이다.

  대부분의 현대인들은 다른 사람에게 점점 무관심해져가고 있다. 하물며 부부 사이에서도 그러하다. 왜 이렇게 무관심해질까? 지나치게 자기 중심적이며, 자기 중심으로 모든 것을 해석하기 때문이다. 나를 중심으로 필요한 것과 불필요한 것이 나뉘고, 이익과 불이익이 나뉜다. 별 볼일 있는 것과 별 볼일 없는 것이 나뉘기도 한다. 이런 관점에서 상대방을 바라보니, 부부의 일치와 연합보다는 철저한 자기 중심의 사랑, 자기 의를 통한 가정을 만들어가려 한다. 그러니 당연히 '불신'이 생길 수밖에 없다.

  그렇다면 크리스천 가정의 중심축은 어디에 있어야 할까? 지극히 이기적이고 인간 중심적인 '나' 중심에서 '하나님' 중심으로 관점의 축을 옮겨야 한다. 하나님의 관심이 어디에 있는지를 가정 공동체 안에서 찾아야 한다. 신뢰와 확신의 근원을 발견해야 한다. 함께 영과 진리로 드려지는 기도와 예배에서 찾아야 한다. 서로가 관심을 갖고 그 관심을 적극적으로 표현하는 것은 하나님의 뜻을 이루는 일임을 인정해야 한다. 거기서 하나되어가는 믿음의 삶을 살 수 있다. 예수님을 닮아가는 가정을 이루는 것이 크리스천 가정의 궁극적 관심이어야 한다.

예수닮기_적용하기

1. 하나되는 삶을 산다는 것은 어떤 삶인가?
2. 하나되는 삶을 살기 위해 내려놓아야 할 것이 있다면 무엇인가?

#8

손 내미는 삶

세계적인 정신분석학자 칼 융Karl G. Jung은 〈인생의 고민과 신앙심의 회복〉에 관해 다음과 같은 임상 보고를 했다.

지난 30년 동안 지구상의 모든 문명국 사람들이 정신 치료를 위해 나를 찾아왔으며, 수많은 학자들도 내 손을 거쳐갔다. 그들 대부분은 결국 신앙심과 연관된 근원적인 문제로 생의 고통을 받고 있었다. 이들 모두는 살아 있는 신앙심을 상실하게 됨으로써 병을 앓게 되었다고 해도 과언이 아니다. 따라서 이들 중 어느 누구도 다시 신앙심을 되찾지 않고서는 결코 치료될 수 없다.

물론 이것은 한 학자의 연구 보고이지만, 그 내용은 하나님을 앙망하는 자에게 주시는 성령의 새 힘, 즉 믿음을 회복하는 길만이 인생의 모든 문제를 해결하는 비결임을 설명하는 것이다.

구약성경 출애굽기를 읽어보면, 이스라엘 백성들은 완전히 진퇴양난의 상황에 놓여 있었다. 뒤에서는 애굽의 군대가 점점 가까이 다가오고, 앞에는 홍해가 가로막혀 있었다. 그야말로 사면초가였다. 그런데 이와 같은 위기일발의 순간에 하나님께서 큰 능력을 행하시므로 홍해가 갈라지는 기적이 일어났다. 절체절명의 순간에 하나님께서 놀라운 역사를 이루신 것이다. 하지만, 이 같은 하나님의 큰일이 이루어진 이면에는, 그분을 향한 인간의 매우 적극적인 의지의 행동이 뒤따랐다.

그것은 무엇일까? 믿음의 손을 내미는 일이었다.

> 모세가 믿음으로 바다 위로 손을 내밀었더니 여호와께서 큰 동풍을 밤새도록 불게 하여 바닷물을 뒤로 물러가게 했다(출애굽기 14:21)
> 다시 모세가 믿음의 손을 바다 위로 내밀었더니 바다의 힘이 회복되었다(출애굽기 14:27)

그런데 여기서 주목할 부분은 바다 속으로가 아니라 물 밖으로 손을 내밀어야 한다는 사실이다. 물 속에서 손을 휘저으면 힘들기만 하니까, 물 밖으로 손을 내밀어 힘을 덜라는 말이다. 손 내밀 힘조차 없을 때에는 두려워하거나 망설이거나 움츠리지 말고, 정신을 바짝 차려 힘을 모아 손을 물 밖으로 내밀라는 것이다. 그것은 하나님을 향한 적극적인 의지의 표현이다.

신약성경 마태복음에서는 예수님께서 거친 풍랑에 두려워 떨고 있는 제자들, 그리고 의심함으로 말미암아 물 속에 빠져 허우적거리고 있는 베드로에게, 손을 내밀어 건져주셨다. 거기에는 허우적거리며 손을 물 위로 내민 베드로의 손이 있었기 때문이다. 물 속에 빠졌어도 주님을 향한 매우 적극적인 구원의 요청이 있었다는 말이다.

주여, 나를 구원하소서(마태복음 14:30)

그때 구원의 역사가 이루어졌다. 여기서 풍랑이 있는 바다는 우리가 사는 세상을 의미한다. 우리가 이 풍랑이 있는 세상에서 시달릴 때마다, 낙망하고 원망할 수밖에 없지만, 용기를 내어 주님의 손을 잡는다면 분명 치유되고 회복된다. 주님만을 바라보고, 주님을 만나고, 주님의 손을 붙잡으면 세상을 이기게 된다는 말씀이다.

지금 내 앞과 뒤의 일이 꽉 막혀 이러지도 저러지도 못하는 사방에 욱여쌈을 당하고 있는가? 주님께서는 지금, "믿음의 손을 내밀라"고 말씀하신다. 물질의 문이 막혀 있는가? 건강의 문이 막혀 있는가? 주변의 사람들 때문에, 혹은 가족 때문에 시험에 들거나 혹은 영적 고통에 빠져 있는가? 우리가 위기 상황에 직면해 어떠한 사면초가에 빠졌을지라도, 주님께서는 막혔던 것을 허시고, 다가오는 것을 물리치며, 앞으로 나가게 하실 것이다.

예수님은 중풍병으로 손이 오그라든 사람에게도 이렇게 말씀하셨다.

네 손을 내밀어 내 손을 붙잡으라(마태복음 12:13)

문둥병자에게도 "네 손을 내밀라"고 말씀하시며(누가복음 5:13) 손을 내민 그들 모두를 치유하셨다. 또 예수님의 옷자락에 손을 댄 혈루증 여인에게도 "네 믿음이 너를 낫게 했다"며 구원의 메시지를 전하셨다.

응답받는 믿음의 기도자로 잘 알려진 죠지 뮬러 George Mueller가 어느 날 고아원에 양식이 떨어졌을 때, 요리사가 뮬러에게 말했다. "양식이 다 떨어져 오늘 저녁에 먹을 것이 없습니다." 이때 뮬러는 "염려할 것 없네. 종을 치고 아이들을 식당에 모으게." 하지만 식탁 위에는 빈 그릇만 덩그러니 놓여 있었다. 그러나 뮬러는 아이들에게 이렇게 말했다. "여러분! 이제 머리 숙여 일용할 양식을 주신 하나님께 식사 기도를 합시다." 아이들이 수군거리기 시작했다. "아니, 빈 그릇을 놓고 무슨 식사 기도야?" 이 소리를 들은 뮬러는 "염려하지 마세요. 하나님께서 곧 주실 것입니다." 아이들이 고개를 숙이자 뮬러는 간절히 믿음의 손을 내밀었다. "하나님 아버지, 오늘도 우리에게 일용할 양식을 주실 줄로 믿고 하나님께 감사를 드립니다."

기도가 막 끝나자마자 문 두드리는 소리가 나더니 어떤 낯선 신사 한 분이 큰 통 몇 개를 가지고 들어섰다. "뮬러 선생님, 오래전부터 무엇인가 도와드리려고 생각했었는데 오늘에야 가지고 왔습니다." 그 통 속에는 야채, 고기, 빵 등 먹을 것이 가득히 들어 있었다. 조지 뮬러는 이렇게 늘 하나님께 믿음의 손을 내밀었고, 그때마다 하나님은 열어주시는 놀라운 일들을 행해서서 6000명의 고아들을 키웠다고 한다. 그가 믿음의 손을 내밀어 응답을 받은 것이 무려 5만 번 이상이라고 하니 얼마나 대단한가?

이 이야기가 이성적이고 합리적인 생각으로는 얼마나 황당한가? 그러나 이 이야기는 조지 뮬러에게 실제로 있었던 역사적 사실이다. 우리도 이러한 일들을 경험할 때가 종종 있지 않던가? 하나님의 신비는 바로 그의 믿음의 손길 속에서 나타났다. 그렇다. 우리가 하나님을 향해 믿음의 손을 내밀기만 하면, 하나님께서는 우리에게 가장 합당한 방법으로 회복의 길을 열어주실 것이다. 우리 인생의 앞길을 가로막고 있는 어떤 홍해도 갈라지게 한다. 우리에게 직면해 있는 여러 문제들을 풀어주시고 해답의 열쇠를 분명 주실 것이다.

하나님께서는 이 시간 우리와 함께 계시면서 우리를 도와주신다. 우리가 인생 길에서 지치고 곤하여 매일 주저앉고 싶을 때, 우리를 일어나 걷게 하실 것이다. 복음성가 중에 이런 찬양이 있다. 예수 닮기 원하는 사람들이 즐겨 부르는 찬양이다.

1. 나의 등뒤에서 나를 도우시는 주, 나의 인생 길에서 지치고 곤하여 매일처럼 주저앉고 싶을 때 나를 밀어주시네.
2. 나의 등뒤에서 나를 도우시는 주, 평안히 길을 갈 땐 보이지 않아도 지치고 곤하여 넘어질 때면 다가와 손 내미시네.
3. 나의 등뒤에서 나를 도우시는 주, 때때로 뒤돌아보면 여전히 계신

희망의 영성 — 259

주 잔잔한 미소로 바라보시며 나를 재촉하시네.

[후렴] 일어나 걸어라 내가 새 힘을 주리니 일어나 너 걸어라 내 너를 도우리.

 예수닮기_적용하기

1. 지금 나의 손은 어디를 향하고 있나?
2. 간절한 마음으로 주님께 손을 내밀었던 적이 있다면 언제인가?

#9

칭찬의 삶

　어떤 신혼부부 이야기다. 신부가 직장 생활을 하다 보니 살림을 배우지 못했다. 음식을 제대로 할 줄 아는 것이 없었다. 겨우 된장찌개 하는 법을 배워서 끓여놓곤 했다. 신랑이 퇴근하고 저녁 식탁에서 된장찌개를 떠먹는 순간, 이것은 뭐랄까 사람이 맛있게 먹을 수 있는 그런 수준이 아니었다. 그래도 무슨 말을 하긴 해야 하겠기에 고민 끝에 이렇게 말했다. "여보 장모님 다녀가셨나?", "왜요?", "된장찌개가 너무 맛이 있어서." 그 후에 어떻게 되었을까?

　그날 이후부터 그 신랑은 매일 그 맛없는 된장찌개를 먹어야만 했다. 괜히 그 말을 했나 후회를 했지만, 그래도 사랑하는 아내를 생각해서 계속 맛있다고 칭찬을 했다. 시간이 지나면서 된장찌개 맛이 정말 예술이었다. 그래서 다시 물었다. "여보, 오늘은 정말 장모님이 다녀가셨지?", "아니!", "그럼 이 된장찌개 당신이 끓였단 말야?", "그렇다니까!" 칭찬을 들은 이후부터 아내는 신이 나서 음식을 준비했고,

결과적으로 음식 솜씨는 날로 발전해서, 정말 맛있는 된장찌개를 먹을 수 있게 되었다는 것이다.

그렇다. 칭찬은 우리 몸의 보약이다. 사람들은 누구나 칭찬을 받으면 힘을 얻게 된다. 하던 일도 더 잘하게 된다. 상대방의 장점을 높여 주고 칭찬하면 그것은 그 무엇보다도 소중한 보약이 된다. 사람들은 너나를 막론하고, 다른 사람들이 나를 어떻게 생각하는가에 대해서 대단히 민감한 반응을 보인다. 그러다 보니 다른 사람에게 칭찬을 받으면 기분이 좋아지고 비난을 받으면 몹시 우울해진다.

여류 소설가 박완서 씨가 쓴 수필 가운데 〈꼴찌에게 보내는 갈채〉라는 글이 있다. 마라톤에 참가한 한 선수가 맨 꼴찌로 달리다가 지쳐 힘이 들어서 포기하려고 천천히 길 밖으로 나오려 했다. 그런데 연도에 늘어선 사람들이 응원을 해주고 끝까지 최선을 다하라고 격려와 박수를 보내자, 포기하려던 그 선수는 이에 힘입어 결국 마라톤 경주를 끝까지 마쳤다. 저자는 글 말미에서, "왜 우리는 1등에게만 박수를 보내고 끝까지 달린 꼴찌에게는 박수를 보내지 않는가? 있는 힘을 다해 달린 것은 똑같기 때문에 꼴찌에게도 박수를 보내야 한다"고 끝맺었다. 그렇다. 꼴지도 칭찬을 받아야 하고, 또 꼴찌에게도 칭찬을 할 수 있는 인격적 성숙이 있어야 한다. 그래야 우리 사회가 '건전한 사회sane society'가 될 수 있다.

타인으로 너를 칭찬하게 하고 네 입으로는 말며 외인으로 너를 칭찬

하게 하고 네 입술로는 말지니라(잠언 27:2)

그리스도를 섬기는 자는 하나님께 기뻐하심을 받으며 사람에게도 칭찬을 받느니라(로마서 14:18)

우리 크리스천들, 예수를 닮기 원하는 사람들은 누가 잘한 일이 있으면 "잘했습니다"라는 말을 해주어야 한다. 남이 미안해할 때는 "괜찮습니다"라고도 말할 수 있어야 한다. "고맙습니다", "감사합니다"란 말을 더 많이 해야 한다. 그러면 서로의 기분이 좋아진다. 칭찬은 생활의 활력소가 되어, 칭찬하는 사람도 기분이 좋고, 칭찬받는 사람도 기분이 좋은 것이다. 따라서 칭찬에 인색하지 말자. 좋은 일이라면 감동도 하고, 그 좋은 것을 마음껏 표현도 하면서 사는 것이 행복이다. 사실 칭찬을 할 수 있는 사람은 그만큼 칭찬을 받아보았기 때문에 가능하다. 따라서 우리들의 말에 칭찬이 넘치면, 교회도 '칭찬 받는 공동체'가 된다.

사도 바울은 고린도전서에서, 우리가 마지막 날 하나님 앞에 서게 될 때에 칭찬받는 일이 있을 것이라고 말한다. "그가 어두움에 감추인 것들을 드러내고 마음의 뜻을 나타내시리니 그때에 각 사람에게 하나님께로부터 칭찬이 있으리라(고린도전서 4:5)". 주님은 우리를 칭찬하시는 분이시다. 그러므로 주님을 증거하는 크리스천으로서 우리는 당연히 칭찬하는 삶을 살아야 한다.

옳다 인정함을 받는 자는 자기를 칭찬하는 자가 아니요 오직 주께서 칭찬하시는 자시니라(고린도후서 10:13)

주님의 칭찬은 모든 사람에게 당연히 주어지는 것이 아니라, 모든 사람이 한 일에 대한 공과에 따라 칭찬이 있을 것이라고 했다. 그리스도의 일꾼을 말하는 것이다. 여기서 '그리스도의 일꾼'이란 하나님의 비밀을 맡은 자로서, 하나님의 교회를 온전히 세워나가는 역할을 하는 사람이다. 즉 하나님의 교회를 바로 세우는 데 필요한 나의 일이 무엇인지를 알고 그 일을 바로 해나가는 사람이다. 원문에는 '일꾼(휘페레다스)'이 '배 밑에서 노를 젓는 사람'이라는 뜻을 가지고 있다. 노예들이 배 밑에 앉아서 노를 젓는데 그들은 이 배가 어디로 가는지 무엇 때문에 젓는지를 알지 못한다. 배를 왜 저어야 하는지, 어느 방향으로 가는지는 오직 선장만이 알고, 그들은 선장의 명령에 따라 순종과 열심만이 요구된다. 교회의 일꾼도 마찬가지다. 예수 그리스도가 선장 되어서 교회를 인도하실 것이다. 교회의 일꾼들은 그들의 순종과 열심의 결과에 따라 단지 칭찬만을 받게 된다. 맡은 자에게 구할 것은 오직 충성일 뿐이다. 예수를 닮고자 하는 사람들이 꼭 새겨들어야 할 말씀이다.

초대 교회가 일곱 집사를 교회의 일꾼으로 뽑을 때, 그 기준은 하나님과 사람들로부터 칭찬받는 사람이었다.

형제들아 너희 가운데 성령과 지혜가 충만하여 칭찬받는 사람 일곱
을 택하라(사도행전 6:3)

칭찬받는 사람의 전제 조건은 첫째, 성령이 충만해야 했다. 하나님을 가까이 섬기며 경외하는 생활을 의미한다. 세상적 지식과 방식으로가 아니라 하나님의 말씀 중심으로 사는 사람을 뜻한다. 둘째, 지혜가 충만하다는 것은 정도를 따르고 감정에 치우치지 않으며 순리와 이치에 따라 사는 분별력 있는 삶을 의미한다. 이러한 조건이 충족되는 사람을 가리켜 '칭찬받는 사람'이라고 했다. 우리가 주님의 일꾼을 선택할 때, 마땅히 생각해야 할 점이다.

사도행전에서는 로마 군대의 백부장이었던 고넬료가 유대 온 족속들로부터 칭찬받는 사람이었고(사도행전 10:22), '바나바'가 나오는데 이렇게 소개되었다.

그는 착한 사람이요 성령과 믿음이 충만한 사람이라(사도행전 11:24)

또 디모데도 주변 여러 사람들로부터 '칭찬받는 사람(사도행전 16:2)'이었다고 소개한다. 특히, 복음서에는 백부장의 종을 고쳐주시는 예수님의 치유 사건이 기록되어 있다. 여기서 예수님은 백부장의 종이 병들어 죽어갈 때, 예수님의 소문을 듣고 찾아와 낫게 해줄 것을 간청한 백부장의 믿음을 보시고는 "이스라엘 중에서도 이만 한 믿음을 만

나보지 못하였다"고 크게 칭찬하셨다. 백부장의 '신실하고 겸손하고 간절한 믿음'을 보시고는 '큰 믿음'이라고 칭찬하신 것이다. 이것이 매우 중요한 포인트다. 우리가 정말 예수를 닮기를 원한다면, 여기 백부장처럼 주님을 향한 '큰 믿음'을 간직하며 주님께 칭찬받는 성도들이 되어야 할 것이다.

잠언에는 다음과 같은 말씀이 있다.

> 인자와 진리가 네게서 떠나지 말게 하고 그것을 네 목에 매며 네 마음판에 새기라. 그리하면 네가 하나님과 사람 앞에서 은총과 귀중히 여김을 받으리라(잠언 3: 3-4)

여기서 인자와 진리는 예수 그리스도를 의미한다. 예수님은 자신을 '인자'라고 표현했고 "나는 길이요 진리요 생명이라"고 했다. 그러니까 하나님 앞에서와 사람들에게 칭찬받고 귀중히 여김을 받는 사람은 그리스도를 내 삶의 중심에 두고 살아가는 사람을 의미한다. 예수님을 닮으려는 우리의 마음판에 무엇을 새겨 넣어야 할까? 고민해보아야 한다.

예수닮기_적용하기

1. 누군가 나에게 칭찬을 해준다면 꼭 듣고 싶은 칭찬은 무엇인가?
2. 지금 바로 누군가에게 칭찬을 해준다면 누구에게 해주고 싶나?

#10

희망의 삶

　우리가 주변에서 자주 듣는 말 중 하나는 '바닥'이라는 단어다. '경기가 바닥을 치고 있다, 주식시장이 바닥으로 요동친다, 부동산이 바닥을 치고 상승곡선을 탔다' 등, 주로 경제와 관련해서 바닥이란 단어를 쓰고 있다. 아무튼 '바닥 친다'는 말은 우리의 생활 속에서 부정적인 의미로 사용된다. 그러나 반대로 생각해보면, 바닥은 다시 올라갈 수 있는 새로운 출발점으로, 도전할 수 있는 기회를 뜻하는 말이기도 하다. 따라서 바닥은 절망의 자리, 포기의 자리, 실패의 자리가 아니라, 다시 새로운 미래를 향해 솟구쳐 오를 수 있는 기회의 자리이자 가능성의 자리다. 새로운 하나님의 은혜를 바라보는 희망의 자리인 것이다.

　예수님께서도 부활하신 후, 죽음의 자리에 머무신 것이 아니라, 새로운 삶의 자리를 잡으셨다. 삶의 좌절과 절망을 넘어 희망과 기쁨으로의 전환을 이루신 것이다. 우리 인생에 있어서 가장 큰 절망과 좌절은 무엇인가? 마지막 절망의 자리, 그 바닥은 역시 죽음의 경험일 것이다. 그러나 우리가 그 자리에 머물지 않고 새로운 도전과 일어설 수 있는 것은 부활의 희망이 있기 때문이다.

부활하신 주님은 엠마오로 가던 두 제자에게 나타나 그들과 동행하다. 제자들은 예수님에 대한 기대감의 상실로 슬픈 빛을 띠고 좌절과 절망에 사로잡혀 있었다. 부활하신 주님을 보아도 그들의 눈이 가리어져서 알아보지 못할 정도였다. 주님께서는 이런 그들을 향해 이렇게 힐책하셨다.

마음에 더디 믿는 자들이여(누가복음 24:25)

믿음이 없음(약함)으로 인해 생긴 좌절과 절망은 우리의 눈을 가리어, 참된 길과 진리와 생명마저도 외면한다. 우리에게 부활 신앙이 없다면, 절망을 넘어 희망으로 나아가는 새로운 삶의 승리가 보장되지 않는다.

구약성경 창세기에서는, 인생의 가장 밑바닥을 경험하고 구덩이에 빠져 좌절하고 절망하는 한 사람이 등장한다. 바로 요셉이다. 그는 삶의 절망 가운데서도 하나님을 향한 '믿음의 확고함(하나님께서 함께하신다)'으로, 결국 애굽의 총리가 되었다. 요셉은 인생 밑바닥 경험을 통해서 그 삶의 위기를 은혜의 자리로, 회복의 자리로, 축복의 자리로 만들었다. 우리는 여기서 이것을 배운다. "우리가 지금 어떠한 환경에 처해 있느냐?"보다는 "우리가 어떻게 살아가고 있느냐?" 하는 것이 더 중요한 삶의 초점이라는 것이다. 즉, 우리들이 처해 있는 환경보다는 '무엇을 어떻게 바라보고 사느냐' 하는 미래를 향하는 비전이 훨씬 더 중요하다는 말이다.

현재의 상황만을 보면, 요셉은 원망과 불평을 할 수밖에 없는 처지다. 하나님께 '해도 해도 너무 하십니다'라고 소리칠 수밖에 없는 상황이다. 그러나 요셉은 자신이 처한 절망의 상황 속에서도 하나님께서 함께하심을 '믿음의 눈'으로 바라보았다. 그러기에 요셉이 경험한 바닥은 바로 하나님을 바라볼 수 있는 새로운 기회였고, 자신의 꿈을 새롭게 그려보는 희망의 자리였다.

> 하나님을 사랑하는 자 곧 그의 뜻대로 부르심을 입은 자들에게는 모든 것이 합력하여 선을 이루느니라(로마서 8:28)

혹시 우리는 지금이 내 인생의 바닥이라고 생각하고 있는가? 내 생각대로, 계획대로 잘 진행되지 않는다고 원망과 불평하는 삶을 살고 있지는 않은가? 지금 어떤 인생을 살기 원하는가? 지금 내가 처해 있는 현실은 문제가 되지 않는다. 내가 지금 어디에 있는가가 중요한 것이 아니라, 내가 어떤 태도를 가지고 문제를 대하느냐가 중요하다. 지금 내가 절망의 구덩이에 던져져 있다면, 오히려 지금의 그 자리를 감사하게 여기며 눈을 들어 하늘을 우러러보라. 함께하시는 전능하신 하나님의 손이 최선의 길로 인도하실 것이다.

지금 우리가 경험하는 좌절의 바닥은 하나님 앞에서 자신을 '정화하는 시간'이다. 하나님의 위대한 일꾼들은 한결같이 인생의 밑바닥을 경험한 사람들이다. 인생의 바닥은 하나님 앞에서 자신을 바라보는 시간이다. 리더십의 대가인 존 맥스웰은 "이 세상에서 두려운 리더는 실패를 경험하지 못하고 성공한 자다"라고 말한 적이 있다. 실패의 쓴 잔을 마셔보지 못한 자는 진정한 성공자가 될 수 없다는 말이다. 그러므로 실패를 두려워하지 말고, 실패를 통해 새로운 가능성을 열어가는 주인공들이 돼라.

부자는 가난한 자의 아픔을 다 헤아릴 수 없고, 건강한 사람은 아픈 자의 심정을 이해할 수 없다. 그리고 권력을 가진 자는 힘없는 자의 애환을 다 알 수 없다. 그래서 괴테Johann Wolfgang Goethe는 "눈물 젖은 빵을 먹어보지 못한 자는 인생을 논하지 말라"고 했다. 따라서 우리의 삶의 밑바닥은 자신의 계획과 경험과 능력을 깨뜨리는 자리이다. 자기 힘으로 모든 것을 할 수 있다는 교만을 무너뜨리는 자리이기도 하다. 하나님께서는 이스라엘 백성들의 교만을 깨뜨리시려고 그들을 무려 40년 동안 광야 생활을 하게 하셨다. 내가 지금 절망에 머물고 있다면, 그 속에서 자신을 깨뜨리는 겸손의 시간을 가지라. 자신을 낮추고 주님의 도우심을 바라며 믿음을 고백하라.

우리의 믿음 고백은 다윗의 고백보다 더 확고할 수 있도록 기도해야 한다. 다윗의 고백을 들어보라.

나의 힘이 되신 여호와여, 내가 주님만을 사랑하나이다. 여호와는 나의 반석이시요 나의 요새시요 나를 건지시는 이시요 나의 하나님이시요 내가 그 안에 피할 바위시요 나의 방패시요 나의 구원의 뿔이요 나의 산성이시로다(시편 18:1-2)

아무리 힘들고 어려워도 부활하신 주님만을 바라보고, 주님만을 의지하고, 주님 앞에 나아가겠다고 다짐하라. 바로 그런 믿음의 사람에게 하나님은 다시 일어설 수 있는 지혜와 용기와 능력을 주신다.

엠마오의 두 제자들은 믿음으로 부활하신 예수님을 만난 후에 다음과 같은 경험과 함께, 절망을 넘어 새로운 희망의 삶을 살아갈 수 있었다.

눈이 열리고, 마음이 뜨거워지는(누가복음 24:31,32)

또한 구약성경의 요셉은 밑바닥 삶을 극복하고 위대한 인생의 승리자, 형통함의 축복을 누리는 자가 되었다. 예수님을 닮기 원하는 모든 사람들은 좌절과 절망의 자리에서 하나님의 은혜로 말미암아 승리와 희망의 삶으로 전환하는 믿음의 주인공들이 되어야 한다.

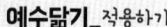

1. 인생의 밑바닥을 경험해본 적이 있다면 어떻게 극복했나?
2. 내 주변에 희망의 기도가 필요한 곳이 있다면 어디인가?

크리스천으로 산다는 것
예수 닮기의 영성

초판 1쇄 인쇄 _ 2017년 11월 15일
초판 1쇄 발행 _ 2017년 11월 25일

지은이 _ 지인성

펴낸곳 _ 바이북스
펴낸이 _ 윤옥초
편집팀 _ 김태윤
디자인팀 _ 이정은, 이민영

ISBN _ 979-11-5877-035-8 03230

등록 _ 2005. 7. 12 | 제 313-2005-000148호

서울시 영등포구 선유로49길 23 아이에스비즈타워2차 1005호
편집 02)333-0812 | 마케팅 02)333-9918 | 팩스 02)333-9960
이메일 postmaster@bybooks.co.kr
홈페이지 www.bybooks.co.kr

책값은 뒤표지에 있습니다.

책으로 아름다운 세상을 만듭니다. ― 바이북스

* 바이북스 플러스는 기독교 신앙의 본질을 담아내려는 글을 선별하여 출판하는 브랜드입니다.